3ª edição
Do 15º ao 20º milheiro
5.000 exemplares
Maio/2015

© 2015 by Boa Nova Editora.

Capa e projeto gráfico
Juliana Mollinari

Diagramação
Juliana Mollinari

Revisão
Mari Ferrarini
Alessandra Miranda de Sá

Coordenação editorial
Ronaldo A. Sperdutti

Todos os direitos estão reservados.
Nenhuma parte desta obra pode ser
reproduzida ou transmitida por qualquer forma
e/ou quaisquer meios (eletrônico ou mecânico,
incluindo fotocópia e gravação) ou arquivada
em qualquer sistema ou banco de dados sem
permissão escrita da Editora.

O produto da venda desta obra é
destinado à manutenção das atividades
assistenciais da Sociedade Espírita Boa Nova,
de Catanduva(SP).

1ª edição: Abril de 2015 – 10.000 exemplares

Nova Chance para a Vida

Roberto de Carvalho
inspirado pelo Espírito Francisco

Instituto Beneficente Boa Nova
Entidade coligada à Sociedade Espírita Boa Nova
Av. Porto Ferreira, 1.031 | Caixa Postal 143
Catanduva/SP | CEP 15809-020
www.boanova.net | boanova@boanova.net
Fone: (17) 3531-4444

Dados Internacionais de Catalogação na Publicação (CIP)
(Câmara Brasileira do Livro, SP, Brasil)

Francisco (Espírito).
    Nova chance para a vida / inspirado pelo
Espírito Francisco ; [psicografado por Roberto
de Carvalho]. -- Taubaté, SP : Boa Nova, 2015.

    ISBN 978-85-8353-023-7

    1. Romance espírita I. Carvalho, Roberto de.
II. Título.

15-02241   CDD-133.9

Índices para catálogo sistemático:

1. Romance espírita : Espiritismo   133.9

SUMÁRIO

Mediunidade e inspiração 9

Introdução 11

PRIMEIRA PARTE

Capítulo 1 – Vertigem...................................17

Capítulo 2 – Atração...................................27

Capítulo 3 – Vida a dois 37

Capítulo 4 – Conflitos...................................47

Capítulo 5 – Pingo...................................55

Capítulo 6 – Confronto...................................65

Capítulo 7 – A fuga...................................75

SEGUNDA PARTE

Capítulo 8 – Alvoroço...................................87

Capítulo 9 – A bola...................................99

Capítulo 10 – Encontro 111

Capítulo 11 – Ânimo...................................121

Capítulo 12 – Amizade...................................131

Capítulo 13 – Indulgência 141

Capítulo 14 – Desabafo 149

Capítulo 15 – Revelação 161

Capítulo 16 – O livro..171

Capítulo 17 – Fé e liberdade....................................177

Capítulo 18 – O amor...185

TERCEIRA PARTE

Capítulo 19 – A volta 195

Capítulo 20 – Reencontro 203

Capítulo 21 – Emoções...217

Capítulo 22 – Resgate...223

Capítulo 23 – Paternidade 233

Capítulo 24 – Epílogo...243

Este romance, apesar de abordar temas bastante corriqueiros e importantes da realidade humana, é uma obra inspirada, que tem por finalidade divulgar o espiritismo por meio dos ensinamentos básicos de sua Doutrina, principalmente no que se refere à lei de causa e efeito, sobrevivência do Espírito e comunicabilidade entre os planos material e espiritual.

Todos os personagens e enredos aqui apresentados são ficcionais. Portanto, qualquer semelhança com nomes de pessoas, lugares e comportamentos terá sido apenas coincidência.

Mediunidade e inspiração

Dia desses, num curto intervalo entre uma atividade e outra, senti-me envolvido por súbita inspiração e comecei a escrever uma obra infantojuvenil, dinâmica narrativa que foi desenvolvida em menos de meia hora.

Ela conta a história de um rapazinho que se acidenta empinando pipa, próximo da fiação elétrica, e passa pela experiência de quase morte (EQM). Durante o longo estado de coma, o personagem permanece numa região desolada do plano espiritual, enquanto aguarda para saber se seu corpo sobreviverá ou não aos ferimentos.

Durante a espera, um Espírito solidário, na condição de um jovem arrependido que desencarnou por desobe-diência e rebeldia, explica o que está acontecendo e orienta o protagonista a pedir a Deus uma nova oportunidade para voltar à vida, ao lado de familiares e amigos.

A narrativa foi escrita na primeira pessoa, e o nome (certamente fictício) adotado pelo personagem central – contrariando as incertezas que normalmente ocorrem nesses casos – surgiu como num passe de mágica, sem a menor sombra de dúvida ou hesitação: FRANCISCO.

Nesse período, eu andava, entre outros escritos, elabo-rando o romance *Nova Chance para a Vida*, cuja linguagem bastante jovial deixava dúvida sobre qual seria a fonte espiritual que o inspirava. Somente depois de terminado

Nova Chance para a Vida

este romance, e com os originais já sendo preparados para publicação, foi que me ocorreu que a fonte de inspiração para esta história era a mesma que havia impulsionado a escrita do texto infantojuvenil.

Ao inspirar as duas histórias ao mesmo tempo (uma curta e outra mais extensa), porém numa linguagem muito parecida, e uma delas de modo surpreendentemente rápido, foi como se o autor espiritual houvesse chegado até mim e sussurrado em meu ouvido:

— Olá! Eu sou o Francisco e nós estamos trabalhando juntos na elaboração desses escritos.

Como espírita, não me dou o direito de duvidar das coisas só porque não as vejo. Como médium de inspiração, procuro considerar a mensagem recebida pelo conteúdo que ela apresenta, e não pela notoriedade ou pela incógnita de quem a assina.

Portanto, não tenho dúvidas de que Francisco é o co-dinome de mais um irmão de ideal que, somando o carinho pela literatura ao amor à Doutrina libertadora do espiritismo, coloca-se a serviço para a difusão do importante trabalho iniciado por Allan Kardec.

O autor material

Roberto de Carvalho inspirado pelo Espírito Francisco

Introdução

Nos anos iniciais de sua vida adulta, numa pequena cidade do interior, Cassiano enfrenta vários conflitos existenciais após engravidar "acidentalmente" Rebeca, uma colega de escola. O casamento precoce e a falta de experiência para conduzir o lar colocam o jovem casal nas teias de um desastroso relacionamento conjugal.

Mais tarde, fugindo da ira de um sogro cruel e vingativo, Cassiano deixa para trás o filho e a esposa, e muda-se para São Paulo, onde tenta retomar o curso de sua vida.

Em meio a tudo isso, o sentimento de culpa por um grave acidente ocorrido em sua infância promove encontros entre Cassiano e a mãe desencarnada, por intermédio de sonhos que o rapaz julga serem pesadelos provocados pelo trauma do passado.

A aproximação com pessoas conhecedoras da Doutrina Espírita o leva a perceber os estreitos laços de amor que o unem à genitora. Os conselhos da mãe o impulsionam a buscar uma nova chance para a vida, dentro de uma visão espiritualizada, cultivando na alma os tesouros celestiais tão propagados por Jesus: amor, perdão e caridade.

Mas o passado é uma realidade que precisa ser enfrentada, e é por meio dele que Cassiano se depara com o submundo da degradação humana: tráfico e uso de drogas, gravidez inconsequente e aborto clandestino são alguns dos temas abordados nesta obra, alertando-nos para as graves consequências provenientes das escolhas equivocadas que muitas vezes fazemos.

Que a leitura deste romance possa ser tão agradável e esclarecedora como foi a sua elaboração.

E que Jesus nos abençoe!

Não imagineis, pois, que para viver em constante comunicação conosco, para viver sob o olhar do Senhor, seja preciso envergar o cilício e se cobrir de cinzas; não, não, ainda uma vez; sede felizes segundo as necessidades da Humanidade, mas que em vossa felicidade não entre jamais nem um pensamento, nem um ato que o possa ofender, ou fazer velar a face daqueles que vos amam e que vos dirigem.

O Evangelho segundo o Espiritismo – Capítulo 17 – Item 10 – Boa Nova Editora

Nova Chanc

Nova Chance para a Vida

Nova Chan

PRIMEIRA PARTE

CAPÍTULO 1

Vertigem

A Terra fornece, pois, um dos tipos de mundos expiatórios, cujas variedades são infinitas, mas que têm por caráter comum servir de lugar de exílio aos Espíritos rebeldes à lei de Deus.

O Evangelho segundo o Espiritismo – Capítulo 3 – Item 15 – Boa Nova Editora

Cassiano estava ansioso e apreensivo quando entregou o currículo para a garota da lanchonete do posto de gasolina. O escritório funcionava numa pequena sala anexa, e o gerente havia mandado avisar que o receberia em poucos minutos para a entrevista.

Aquele emprego seria sua salvação. No fim do mês, se não tivesse dinheiro para pagar a pensão, ele não teria mais onde ficar. Seria obrigado a procurar um albergue ou algo assim, e esse pensamento o deixava angustiado e com uma terrível sensação de insegurança.

Não bastasse aquela constante preocupação, ainda ocorre o infeliz assalto ao posto de combustíveis e a agressão que o deixa física e psicologicamente arrasado. Tudo aconteceu muito rápido e lembrou aqueles momentos mais tensos dos filmes de ação.

Cassiano descobriu, da pior maneira possível, que quando os fatos são reais não têm nada daquela emoção legal que o espectador sente no cinema. É previsível que na ficção o bandido quase sempre leve a pior, mas na vida real é bem diferente.

O jovem demorou a entender o que estava se passando. Se a menina do caixa não tivesse erguido as mãos e as colocado sobre a cabeça, numa atitude de submissão, nem isso ele teria feito. Era a primeira vez que presenciava um assalto e simplesmente não estava acostumado com os procedimentos de praxe.

Três homens com armas em punho e os rostos encobertos por capuzes invadiram a lanchonete. No momento, somente Cassiano e a funcionária estavam no interior do estabelecimento. Talvez a sua demora em assimilar o que estava acontecendo e o fato de ficar olhando demais para um dos bandidos tivessem sido mal interpretados.

O assaltante se aproximou, encarou-o com um par de olhos muito vermelhos através dos dois furinhos feitos no capuz, encostou o cano da arma no pescoço dele e vociferou:

— Tá olhando o quê, idiota? Dando uma de herói? Quer levar um tiro?

Cassiano começou a tremer descontroladamente. Outro bandido rendeu a menina do caixa e a empurrou em direção à porta do escritório.

O sujeito que havia encarado Cassiano e o outro comparsa ficaram na lanchonete, colocando bebidas e maços de cigarro numa sacola. Do lado de fora, um veículo escuro os esperava com mais dois homens em seu interior.

A ação não levou mais do que um minuto. Ouviram-se gritos dentro do escritório:

— A grana, cara! Vamos lá. Passa a grana! — aterrorizava o assaltante.

E a voz trêmula do gerente, tentando manter a situação sob controle:

— Calma! Calma! Já estou abrindo o cofre…

Em menos de um minuto, o bandido saiu com um malote nas mãos.

— Vamos lá, pessoal! Tá tudo aqui — disse aos comparsas com uma risadinha triunfal.

Roberto de Carvalho inspirado pelo Espírito Francisco

Antes de ir embora, o sujeito que havia cismado com Cassiano voltou a encará-lo. Aproximou-se e disse num tom provocativo:

— Seu heroizinho de meia-tigela... Curioso pra ver a minha cara?

O rapaz sentiu um forte arrepio na espinha, e suas pernas passaram a tremer ainda mais. Agora tinha certeza de que o bandido não sairia dali sem aprontar alguma com ele.

Num gesto rápido, o criminoso retirou o capuz e fez questão de mostrar o rosto. Seu semblante era frio e duro como uma pedra de gelo.

— Satisfeito? Agora pode ajudar a polícia a desenhar o meu retrato falado. Mas eu duvido que você tenha coragem de fazer isso, seu medroso!

— Vamos embora, seu maluco! — gritou um dos bandidos que já estava próximo da porta.

— Ainda não — respondeu o outro. — Vou dar uma lição nesse frangote.

Se houvesse no ambiente alguém possuidor da chamada terceira visão ou clarividência, teria visto o momento em que um Espírito se interpôs entre Cassiano e o assaltante, tentando conter a agressão. Entretanto, por não possuir um corpo físico, sua iniciativa foi totalmente inócua, o que o deixou com um ódio terrível.

A entidade espiritual que ali se encontrava não pôde fazer nada quando o agressor segurou Cassiano pela nuca, encostou o cano do revólver na testa dele e, fingindo puxar

Nova Chance para a Vida

o dedo que estava no gatilho da arma, fez com a boca o barulho de um disparo:

— PÁ.

Cassiano levou um grande susto, sentiu o corpo estremecer e teve dificuldade para se manter de pé. O criminoso deu uma gargalhada.

— Há-há-há-há-há-há... Olha, pessoal! O nosso heroizinho quase molhou as calças!

Os outros também começaram a rir. Mas o sujeito ainda não estava satisfeito. Antes de ir embora, deu uma violenta pancada com o cabo do revólver na cabeça de Cassiano. Uma dor absurdamente aguda fez escurecer a vista do jovem, o chão pareceu girar sob seus pés e desta vez ele desabou mesmo.

Cassiano abriu os olhos bem devagar e custou a entender o que estava acontecendo. Ele se encontrava na sala do gerente, estirado em um sofá. Havia uma grande confusão no ambiente, com várias pessoas enfiadas no pequeno cômodo. Parecia que todos os funcionários do posto de gasolina estavam ali, falando e gesticulando ao mesmo tempo.

Sua cabeça estava enfaixada e latejava terrivelmente. Alguém havia improvisado um curativo com estopas e o prendera com uma bandana promocional, contendo o anúncio de uma propaganda de óleo diesel.

Aos poucos, Cassiano foi recobrando a consciência. A vergonha que sentiu pela humilhação sofrida foi tão grande, que ele não pensou em mais nada a não ser em desaparecer dali.

Levantou-se ainda zonzo e começou a andar em direção à porta, apoiando-se em móveis e paredes. Alguém tentou detê-lo, segurando-o pelo braço, mas ele se desvencilhou.

— A ambulância tá vindo te buscar, cara. Espera um pouco aí...

Ele notou que era a voz da balconista que o havia atendido, mas nem olhou para trás. Estava constrangido demais para encará-la.

O ponto de ônibus ficava perto. Vários passageiros estavam entrando em um coletivo que havia acabado de estacionar. Cassiano embarcou sem ao menos saber qual era o destino daquele ônibus. Por sorte, estava na condução certa.

As pessoas o olhavam com curiosidade. Só então ele percebeu que havia uma mancha de sangue na camisa de malha branca que usava. Sua cabeça doía terrivelmente por causa dos solavancos do veículo, mas o constrangimento que continuava a oprimir-lhe o peito era ainda mais forte.

Desembarcou no ponto que ficava a poucos metros da pensão. Entrou e se sentiu aliviado ao ver que não havia ninguém na recepção. Era hora das tarefas matinais. Dona Genésia, a proprietária, deveria estar tirando a mesa do café no salão ao lado. Inácia, sua fiel escudeira, certamente lavava os banheiros.

Então ele pensou que, se a funcionária da pensão soubesse do ocorrido, logo arranjaria uma explicação espiritual para tudo aquilo. Inácia era uma mulata misteriosa de meia-idade, respeitada por fazer premonições e dar conselhos espirituais aos inquilinos do pensionato. Tudo muito discreto, naturalmente, pois dona Genésia vivia implicando com as supostas faculdades mediúnicas de sua empregada.

Tanto melhor que estivessem ocupadas e não o vissem chegando, pensou. Assim, não precisaria dar satisfações a ninguém. Ele só queria se deitar. Continuava completamente zonzo e, além disso, estava assustado, envergonhado, humilhado, apavorado...

Subiu com dificuldade o lance de escada que nunca lhe pareceu tão íngreme como naquele momento. Precisou apoiar-se nos dois corrimões, pois parecia que os degraus oscilavam à sua passagem.

Finalmente alcançou o quartinho acanhado no fim do corredor estreito. Girou a chave na fechadura, abriu a porta num tranco seco e cambaleou para dentro do cômodo. A pequenina cama de solteiro lhe pareceu ser, naquele momento, o lugar mais confortável do mundo.

Tirou a camisa suja, jogou-a de lado e se deixou cair pesadamente sobre o colchão. Teve a sensação de que o

Roberto de Carvalho inspirado pelo Espírito Francisco

teto girava, e a cama parecia balançar feito um barco sobre as ondas de um mar agitado.

Lembrou-se de ter deixado a porta destrancada; ergueu-se com dificuldade. Trancou-a e voltou a cair na cama. Não queria a presença de curiosos enchendo-o de perguntas.

Um cheiro de cebola frita, vindo da casa vizinha, invadiu o quarto e o deixou enjoado, provocando-lhe forte vertigem. Cassiano pensou em fechar a janela, mas seu corpo não obedeceu mais ao comando de se levantar. Por fim, desistiu.

Fechou os olhos e se viu dividido entre dois espaços: um era o quartinho minúsculo da pensão; o outro era uma rua deserta e mal iluminada. Ele caminhava abraçado a uma menina ruiva. Tratava-se de uma cena ocorrida anos atrás, mas que ainda se mantinha muito viva em sua mente.

O jovem casal estava sob uns frondosos angicos que tornavam o local ainda mais sombrio. Era madrugada. O tempo estava frio e chuvoso. Tinha um veículo preto abandonado embaixo das árvores havia mais de um ano. Os quatro pneus estavam arriados e a carcaça encontrava-se totalmente coberta por ferrugem e poeira.

Os dois seguiam cambaleando, porque tinham exage-rado no consumo de alcoólicos durante a festa de formatura. A menina ruiva apertou a cintura dele e, encarando-o com um irresistível par de olhos azuis, apontou para o veículo com o queixo e sugeriu maliciosamente:

— Que tal?

Nova Chance para a Vida

CAPÍTULO 2

Atração

As paixões são como um cavalo que é útil quando está dominado, e que é perigoso, quando ele é que domina. Reconhecei, pois, que uma paixão se torna perniciosa do momento em que não podeis governá la, e que ela tem por resultado um prejuízo qualquer para vós ou para outrem.

O Livro dos Espíritos – Questão 908 – Boa Nova Editora

Rebeca era uma das garotas mais bonitas do colégio. Durante a festa de formatura do ensino médio, ela e Cassiano terminaram a noite juntos. Nada havia sido combinado de véspera. Os dois mal se falavam, e o rapaz ficou surpreso quando ela começou a jogar todo aquele charme em sua direção. Cassiano a achava muito prepotente e nunca imaginou que ela pudesse se interessar por ele.

Mas a menina pensava a mesma coisa a respeito dele. Disse, mais tarde, em meio a risos, que o achava muito orgulhoso e chato. O problema de Cassiano era timidez, isto sim. Ele fingia não ser tímido, forçando a barra em muitas situações, tentando passar a imagem de um sujeito descolado, mas era tudo fachada. Qualquer situação mais tensa o deixava com um friozinho desconfortável na barriga, as pernas trêmulas e as orelhas em brasa.

A ideia de passar a noite no veículo abandonado partira de Rebeca, não dele. Cassiano não tinha a menor criatividade para aquele tipo de aventura. Rebeca havia combinado de dormir na casa de uma amiga, e seus pais não desconfiaram de nada.

Ela era filha única do casal Januário e Lupércia. Seu pai era o policial mais antigo e mais durão daquele município. Era um homem de poucos escrúpulos, que usava e abusava da autoridade que julgava possuir e que, do seu modo torto, possuía mesmo. Lupércia não dava palpites sobre nada e havia quem apostasse até que ela era muda.

Quanto a Cassiano, os parentes com os quais morava não faziam a menor questão de saber por onde andava.

Nova Chance para a Vida

Aliás, eles certamente ficavam bem mais felizes quando o jovem desaparecia e os deixava em paz.

Cassiano perdera os pais muito cedo, e os parentes que "herdaram" a sua companhia o consideravam um estorvo. O único que o tratava razoavelmente bem era um tio chamado Jairo — irmão caçula de seu pai. O resto da família preferiria que ele tivesse morrido junto com os genitores, no acidente mais tenebroso de que se teve notícia naquela região.

Jairo era dono de um posto de gasolina e de uma oficina de bicicletas, onde Cassiano costumava fazer uns bicos de vez em quando. Apesar de considerar o tio um tremendo explorador de mão de obra barata, gostava dele e havia entre os dois um discreto clima de simpatia.

Havia caído uma chuva fina e persistente naquela noite, e os vidros do velho carro estavam completamente embaçados, principalmente por causa da poeira que a garoa havia transformado numa consistente pasta marrom.

O clima esquentou bastante no interior do veículo e acabou acontecendo o que os jovens certamente queriam, mas não esperavam que acontecesse. Na verdade, nenhum dos dois estava preparado para aquele momento.

Foi a primeira relação mais íntima de Cassiano com uma garota, e ele não teve certeza de se foi também a primeira vez de Rebeca. Sua inexperiência não o deixou saber naquela noite, e em nenhum outro momento eles conversaram abertamente sobre o assunto. Cassiano nunca teve coragem de perguntar, e Rebeca, voluntária ou involuntariamente, também nunca disse nada a respeito dessa questão.

Após aquela madrugada, os dois voltaram a se encontrar mais algumas vezes, mas nesses encontros não aconteceu nada além de uns beijinhos inocentes. Depois, Cassiano decidiu dar um tempo. Começou a achar que a menina era muito possessiva. Ela tinha levado a coisa muito a sério e acenava com a possibilidade de um namoro firme.

O grande sonho de Cassiano, porém, era mudar-se para a capital do estado, arrumar um emprego legal e cursar faculdade de Administração. Nem lhe passava pela cabeça permanecer vivendo naquele bucólico fim de mundo, com a sua minguada população e nenhuma atividade econômica consistente.

Ficar ali significava estar fadado a uma vida previsivelmente pobre, como a da maioria das pessoas que ele conhecia. Não! Cassiano projetava para si um futuro bem mais promissor.

Mas, se para ele os acontecimentos daquela madrugada não haviam passado de uma aventura sem importância, para Rebeca não fora bem assim. Ela estava apaixonada e esperava ser correspondida em seus sentimentos.

Ficou apreensiva quando percebeu o desinteresse de Cassiano. Inconformada, passou a mandar recados e bilhetes insistentes, marcando vários encontros, aos quais ele nunca comparecia. Começou a cercá-lo por todos os lados, e o

Nova Chance para a Vida

rapaz ficava fugindo, na esperança de que ela desistisse e o esquecesse.

O desejo de se mudar para São Paulo nunca fora tão forte quanto naquele momento. Ele já havia completado dezoito anos, tinha providenciado a emissão dos documentos de maioridade e estava trabalhando quase todos os dias na bicicletaria do tio Jairo. Precisava começar a juntar as economias para o seu projeto de vida, ou pelo menos para os primeiros passos em direção a ele.

Três meses depois daquela madrugada em que ficaram juntos, Rebeca procurou Cassiano num campinho onde ele se reunia com uns colegas, três vezes por semana nos fins de tarde, para jogar futebol. Ela esperou pacientemente até que o jogo terminasse, enquanto o rapaz se fazia de cego.

Ao final do jogo, quando Cassiano montou na bicicleta para ir embora, Rebeca o abordou. Chegou com as mãos nos bolsos da bermuda, um andar meio arrastado, fingindo tranquilidade, mas Cassiano sabia que ela estava furiosa.

— Olá, sumido! Fugindo de mim?

Ele fingiu surpresa. Na verdade, não sabia o que responder.

— Eu? Não! Claro que não! — falou sem graça, tentando disfarçar o constrangimento.

Rebeca o encarou com aqueles terríveis olhinhos azuis e sorriu com ironia.

— Não precisa mentir para mim, Cassiano. Eu não nasci ontem e sei quando uma pessoa está evitando se encontrar com a outra.

Ele baixou a cabeça, dando-se por vencido. Rebeca estava coberta de razão; era besteira ficar disfarçando. Talvez aquele fosse o melhor momento para colocar as coisas em seus devidos lugares e esclarecer tudo de uma vez. Ele não tinha o menor interesse em namorá-la. Em breve, iria embora dali, de preferência com passagem só de ida para São Paulo.

Rebeca colocou sua mão sobre a mão dele, que segurava o guidão da bicicleta.

— Eu tenho um papo muito sério pra levar contigo, Cassiano.

— Tudo bem, tudo bem… Mas pode ser mais tarde? Eu estou com um pouco de pressa agora — disse ele, escorregando a mão para o lado, achando que talvez fosse melhor adiar um pouco os tais esclarecimentos.

— Mas por que tanta pressa? — perguntou ela, aumentando a dose de ironia na voz. — Está indo trabalhar ou estudar? Emprego, que eu saiba, você não tem. E aula também não, porque acabamos de nos formar, lembra-se? Ou Já se esqueceu de "tudo" o que fizemos naquela noite?

Ela segurou o queixo dele com as pontas dos dedos, girou o rosto de Cassiano em sua direção e o olhou dentro dos olhos.

— Estamos em férias definitivas, meu amor!

Cassiano se sentiu incomodado e irritado com aquela

Nova Chance para a Vida

conversa. Para ele, o fato de terem ficado juntos naquela noite e trocado alguns beijinhos depois não dava a Rebeca o direito de ser tão insistente e chata. Além disso, aquele papo de "férias definitivas" não servia para ele. O rapaz não pretendia interromper os estudos no ensino médio, como praticamente todos os seus amigos. Iria cursar faculdade. Mas este era um assunto que só dizia respeito a ele e, no seu modo de ver, não havia necessidade de dar satisfações da sua vida a ninguém.

Tentou se livrar da incômoda presença da garota. Ameaçou pedalar a bicicleta, deixando claro que estava aborrecido. Mas ela o reteve, segurando-o com força pelo braço.

— É melhor não fugir, Cassiano, senão vai ser muito pior. Você prefere conversar comigo agora ou mais tarde com o meu pai?

Ele sentiu o tal friozinho na barriga e suas orelhas esquentaram na hora. Era claro que, assim como a maioria dos moradores daquela cidade, Cassiano também tinha medo do pai dela. Suspirou fundo e cruzou os braços, fingindo não ter ficado abalado com a ameaça.

— Tudo bem, Rebeca! Pode falar, mas, por favor, fala rápido porque eu preciso ir embora.

— Calma, meu amor! – disse ela com um contundente e irritante olhar de reprovação. — Por que tanta pressa? Por acaso está indo se encontrar com alguma garota?

Cassiano olhou para o alto, coçou a cabeça com as duas mãos e suspirou com impaciência.

Roberto de Carvalho inspirado pelo Espírito Francisco

— Dá pra falar logo, por favor?

Ela voltou a encará-lo e, desta vez, exibia um sorriso triunfante.

— Na verdade, o que eu quero mesmo é mostrar uma coisa.

Tirou um envelope que estava no bolso traseiro da bermuda e estendeu na direção do rapaz. Nesse momento, deu para perceber que, apesar de toda a segurança que tentava demonstrar, ela também estava nervosa, pois suas mãos estavam trêmulas.

— Dá uma olhadinha aí – disse ao entregar-lhe o papel.

— O que é isto?

— Olha!

— Já sei. Deve ser uma poesia melosa ou um bilhetinho apaixonado – zombou Cassiano.

— Felizmente eu não sou tão romântica quanto você pensa, meu caro!

— Então não deve ser nada importante...

— Por que não olha? – desafiou-o, enrolando com o dedo indicador os ruivos caracóis de sua cabeleira que rebrilhava sob a luz dourada do pôr do sol.

Com má vontade, Cassiano pegou o envelope e, ao abri-lo, quase desabou. Era um exame de gravidez com resultado positivo. Rebeca estava esperando um filho dele.

CAPÍTULO 3

Vida a dois

Quantos não há que creem amar perdidamente, porque não julgam senão sobre as aparências, e quando são obrigados a viver com as pessoas, não tardam a reconhecer que isso não é senão uma admiração material.

O Livro dos Espíritos – Questão 939 – Boa Nova Editora

Os dias que se seguiram à revelação da gravidez de Rebeca passaram num ritmo acelerado. Em pouco tempo, Cassiano viu todos os seus planos se evaporarem feito fumaça. A mudança para São Paulo e o curso na faculdade deixaram de ser prioridade.

Em parte, obedecendo a um instinto natural de responsabilidade; em parte, com medo de uma reação agressiva do pai de Rebeca, decidiu assumir não só a paternidade da criança, como também a relação estável que a menina almejava.

Em sua visão limitada e imatura, era impossível dissociar uma coisa da outra. E era exatamente isto que Rebeca, e depois os pais dela, esperavam dele: a atitude heroica de alguém que reconhece o passo errado que deu e tenta consertá-lo à custa de importantes renúncias.

Não foi nada fácil encarar o futuro sogro e contar-lhe o que estava acontecendo. Cassiano levou uma tremenda bronca, sentado num sofá desconfortável na acanhada sala de visitas da pequena casa onde a família de Rebeca morava.

Enquanto o policial o detonava psicologicamente, Rebeca se desfazia em lágrimas no outro sofá. Cassiano nunca entendeu se ela o fazia por tristeza ou satisfação. Já a futura sogra, Lupércia, não deu as caras nem teve participação na conversa.

— Você é louco ou o quê? — gritou o sujeito alto e troncudo, impregnando a salinha com um hálito azedo de aguardente, com o indicador apontado para o nariz do jovem, à imitação de uma arma. — Engravidar uma menina

Nova Chance para a Vida

sem ter onde cair morto? Ou, por acaso, o senhor já possui uma casinha própria? Um emprego decente? — ironizou, exagerando na dose de sarcasmo.

Ele sabia que a resposta era negativa para as duas perguntas.

Nunca, na vida, a orelha de Cassiano queimou tanto como naquela noite. Muitas contra-argumentações lhe passaram pela cabeça. Ele poderia dizer que Rebeca não era tão "menina" assim. Que, na verdade, era alguns meses mais velha que ele. Poderia dizer, também, que a culpa não era só dele, já que o convite para passar a madrugada no veículo abandonado havia partido dela.

Mas cadê coragem para abrir a boca? Aliás, para que serviriam essas argumentações? Certamente, apenas para azedar ainda mais o mau humor de Januário e ampliar o clima já tão pesado do ambiente.

Depois vieram os detalhes do acordo que fizeram para remediar a situação: Cassiano teria de arrumar trabalho, alugar uma casa e, com compromisso firmado no Cartório de Registro Civil, desposar Rebeca o mais rapidamente possível, antes que a barriga crescesse muito e começasse a aparecer, provocando humilhação ao prepotente e temido Januário. As imposições exigidas por ele eram essas e não havia alternativa.

— Se for para o meu neto não ter pai, prefiro que minha filha seja viúva — ameaçou o policial. — Assim não terei motivo para me envergonhar diante de ninguém.

O recado era claro demais para ser ignorado.

Na semana seguinte, Cassiano já estava trabalhando como frentista no posto de gasolina do seu tio, que se sensibilizou com a situação e, apesar da inexperiência profissional do sobrinho, aceitou colocá-lo na vaga de um antigo empregado que acabara de se aposentar.

A Carteira de Trabalho do rapaz foi assinada com a remuneração mensal de dois salários-mínimos, além de mais alguns benefícios, como cesta básica e um imprestável plano de saúde, que nunca serviu para nada.

A casinha que Cassiano alugou foi indicada pela mãe de Rebeca. Aliás, a única participação de Lupércia em toda a história. Uma prima dela, chamada Cidália, possuía este casebre nos fundos do quintal de sua casa e, por sorte, ele estava desocupado.

A pequena residência ficava num bairro periférico, distante alguns quilômetros do centro da cidade. Não era um local muito bom para se viver, mas o baixo valor do aluguel e a não exigência de fiadores compensavam o sacrifício das pedaladas que ele teria de dar diariamente para chegar ao trabalho, já que praticamente não havia ônibus ligando o bairro ao centro da cidade, onde ficava o posto de gasolina.

Todos os móveis foram adquiridos numa grande loja, e o valor total foi dividido em inúmeras prestações, que consumiam um terço do salário do frentista. Para a compra, havia a necessidade de um fiador. Rebeca levou uma bronca terrível quando sugeriu a Januário que desempenhasse esse papel. Ele, definitivamente, não confiava no genro.

O que salvou a situação de Cassiano foi a boa vontade do seu tio-patrão, mas Jairo deixou claro que somente o fazia por ter a certeza de que não ficaria em apuros. Afinal, se o sobrinho deixasse de pagar qualquer prestação, o valor seria descontado de seu salário.

Procurando encarar a situação com um olhar mais otimista, até que a vida de casado, inicialmente, pareceu legal a Cassiano. Agora ele tinha o seu próprio cantinho para viver. O fato de não mais depender da má vontade dos parentes causou-lhe grande alívio. Além disso, a companhia de Rebeca preenchia praticamente todas as suas necessidades.

Como a gravidez estivesse ainda bem no início, nada atrapalhou a lua de mel do jovem casal. Rebeca era uma moça linda e se mostrou muito carinhosa. É lógico que, em termos de experiência como dona de casa, era o fiel retrato do fracasso. Era incapaz de fritar um ovo, pois tinha medo de que a gordura quente espirrasse em seu rosto e, nas poucas vezes em que se aventurou a fazer comida, acabaram comendo "carvão de arroz" e "grude de macarrão".

Tudo isso, contudo, era encarado com bom humor. Os dois terminavam rindo muito desses contratempos e nunca discutiam por causa disso. Simplesmente passaram a se alimentar de comidas recém-preparadas — aquelas compradas no mercado e que só precisam de água quente ou um breve aquecimento no forno para ficarem prontas.

Quando Cassiano voltava do trabalho, por volta das

cinco da tarde, já que seu horário era das sete da manhã às dezesseis horas, Rebeca o esperava de banho tomado, usando roupas sensuais, toda perfumada...

Esses momentos prazerosos que passavam juntos compensavam todos os pontos negativos e os faziam acreditar que a vida de casados realmente era um mar de rosas. Parecia que todos os problemas de relacionamento conjugal eram uma realidade muito distante daquilo que eles, nos arroubos de uma juventude ingênua e imatura, experimentavam.

Os meses se passaram com rapidez, e Rebeca foi ficando cada vez mais barriguda. Juntamente com o crescimento da barriga, surgiu também uma série de desconfortos. Ela passou a se queixar o tempo todo de que estava muito pesada; de que suas pernas estavam inchadas; de que sua cabeça doía; de que sentia enjoos insuportáveis...

Cassiano se dividia entre preocupado e irritado com tantas reclamações. No último mês de gravidez, a moça decidiu ficar na casa de seus pais. Assim, estaria mais perto do hospital, para o caso de alguma emergência. Inicialmente, Cassiano reprovou a ideia, mas depois acabou até gostando. Passou um mês inteiro na maior tranquilidade, sem precisar ouvir todas aquelas queixas e sem ter seu sagrado sono interrompido pelas constantes inquietações da esposa.

Nova Chance para a Vida

Com o nascimento do filho — um menino miúdo, de olhos azuis e cabelinhos ruivos, a quem deram o nome de Eduardo e logo apelidaram de Edu ou Eduzinho —, Rebeca retornou para casa e então as coisas ficaram bem mais complicadas.

A despesa aumentou muito, e o salário de Cassiano mal dava para pagar as contas e o aluguel. Para aliviar um pouco o aperto financeiro, ele pediu ao tio Jairo que o deixasse fazer algumas horas extras.

Nesse ponto, o tio até gostou, pois o quadro de funcionários do posto estava mesmo incompleto e ele não pretendia contratar mais empregados. Então, o expediente de trabalho do sobrinho passou de oito para de doze a quinze horas diárias, incluindo praticamente todos os fins de semana. Ele saía de casa de madrugada e chegava tarde da noite, geralmente cansado, faminto e irritado.

Para complicar ainda mais, Eduzinho não possuía boa saúde e chorou muito nos meses iniciais de vida. Inexperiente e temperamental, Rebeca ficava quase louca com os gritos do menino, sem saber o que fazer para acalmá-lo.

Às vezes, e apesar de representar pouquíssima coisa, ela recorria à ajuda da mãe, mas não era sempre que podia fazê-lo, já que não tinha como se locomover até a casa dela. A caminhada era muito cansativa. Pagar táxi era impensável, devido ao aperto financeiro em que viviam. Agora, além do pagamento do aluguel, das prestações dos móveis e das despesas normais do dia a dia, havia ainda as fraldas e os medicamentos para tratar da saúde da criança.

Roberto de Carvalho inspirado pelo Espírito Francisco

Foi nesse período que Cassiano e Rebeca — ambos com menos de vinte anos — começaram a sofrer as consequências da atitude impensada. Se ela padecia com as limitações materiais de um lar pobre e desprovido do mínimo necessário para uma vida confortável, ele sentia na pele a obrigação de suprir, ainda que de forma precária, as necessidades da família tão precocemente angariada. E, do ponto de vista de cada um, o outro era o culpado pelos infortúnios.

Cassiano passou a acusar Rebeca de ter premeditado aquela gravidez com o intuito de prendê-lo a uma relação indesejada. Ela se defendia usando uma argumentação que, apesar de coerente, deixava-o muito humilhado. Dizia que jamais faria tal coisa para ter como pai de seu filho um sujeito incompetente, incapaz de conseguir um salário digno para oferecer-lhe uma vida decente.

— "Golpe da barriga" se aplica em homens ricos e bem-sucedidos, não em fracassados! — jogava na cara do esposo, sem a menor comiseração.

E foi assim que o previsível desgaste daquela imprevisível relação a dois teve inicio. As discussoes passaram a ser frequentes. A troca de insultos chegava a níveis baixíssimos e um distanciamento inevitável foi se operando gradativamente entre o casal.

As tardes de amor, os risos fáceis, as trocas de olhares afetuosos... tudo isto foi caindo no esquecimento e dando lugar às desgastantes trocas de insultos e humilhações. Agora a imaturidade dos dois e a fragilidade do sentimento que os unira falavam mais alto e ditavam as regras naquele lar desajustado.

Roberto de Carvalho inspirado pelo Espírito Francisco

CAPÍTULO 4

Conflitos

Não basta estar enamorado de uma pessoa que vos agrada, e a quem creiais de belas qualidades; é vivendo realmente com ela que a podereis apreciar.

O Livro dos Espíritos – Questão 939 – Boa Nova Editora

Pouquíssimo tempo depois de terem decidido viver juntos, a relação do jovem casal já enfrentava um desgaste insuportável. Apesar de Eduzinho apresentar significativas melhoras em sua saúde à medida que crescia, dispensando a compra de medicamentos e consultas periódicas ao médico, a situação financeira não havia melhorado em quase nada naquele lar.

Cassiano continuava trabalhando diuturnamente, inclusive em todos os fins de semana. E isso também era motivo de brigas, pois Rebeca não aceitava a constante ausência do marido em casa e ficava alimentando desconfianças.

Se ela já possuía uma natureza ciumenta e possessiva, passou a ficar ainda mais enciumada depois de haver se tornado mãe e, certamente por isso andasse tão insegura daquele jeito.

Rebeca não se conformava com o fato de não ter conseguido se livrar dos quilinhos extras adquiridos durante a gestação. Cassiano não via nenhum problema naquilo e não compreendia o inconformismo da esposa. Achava-a fisicamente tão em forma como quando tinham se conhecido. O que realmente o incomodava eram aquelas atitudes agressivas, muito mais graves do que qualquer sinal de obesidade. Mas a opinião dele, além de não convencer, deixava-a ainda mais irritada.

— Vocês homens são todos iguais — dizia ela, apertando umas dobrinhas de pele na região do umbigo, em frente ao espelho. — Ficam elogiando só para nos enganar. Para que a gente não se cuide. Mas, no fundo, o que vocês

Nova Chance para a Vida

querem mesmo é que nenhum outro homem olhe para as suas mulheres. São todos uns malditos machistas.

E terminava o discurso sempre com a mesma história:

— O que todo homem quer é ter uma idiota em casa para servir de escrava. Na rua, não tiram os olhos das desocupadas atraentes, que têm todo o tempo do mundo para viver enfiadas em academias de malhação.

Do jeito que Rebeca falava, parecia até ter sido enganada por Cassiano. Parecia ter se esquecido de que aquele tipo de vida também não fazia parte dos planos dele; de que, se dependesse da vontade do pai do seu filho, ele nem estaria morando naquela pequena cidade e menos ainda tendo de trabalhar feito um escravo para o tio, recebendo um salário que mal dava para suprir as necessidades, sem condições de cursar a faculdade, como sempre desejara.

Tudo isto o deixava muito magoado e criava um profundo e extenso abismo emocional naquela desastrosa relação. Tudo o que havia de positivo e agradável entre os dois foi cedendo espaço a uma entediante rotina de angústias e frustrações.

Cassiano e Rebeca deixaram de se olhar nos olhos e de se tocar, pois o simples toque de um provocava irritação no outro. Até o tom de voz dela, quando se dirigia a ele, era bem diferente de quando dirigido a outras pessoas. Com o marido era sempre irritadiço e depreciativo.

E isso acontecia de modo tão natural, que ela nunca admitiu que verdadeiramente ocorresse. Por outro lado, fazia as mesmas queixas a respeito dele:

— Com as pessoas de fora, você é um doce, Cassiano! Mas quando fala comigo está sempre irritado, dando coices. Até o meu pai já percebeu isso, sabia?

Rebeca tinha razão no que dizia, mas Cassiano achava que as observações dela não faziam sentido. Tratava-se do desgaste natural de uma relação que se originou de uma atitude inconsequente — a gravidez não planejada — e foi remediada com outra ainda mais irresponsável — a união forçada entre duas pessoas imaturas e que não se amavam de verdade. Ou seja, falira previsivelmente a tentativa de consertar um erro a partir da consecução de outro.

Quando dizia: "Até o meu pai já percebeu", Rebeca usava um tom ameaçador. No fundo, queria dizer: "Até o meu pai, que é um policial violento e que odeia você...". É claro que Cassiano entendia o recado e ficava temeroso, mas isso não contribuía em nada para melhorar a situação entre eles.

Nas poucas vezes em que o casal saía junto, quase sempre o passeio terminava em briga. Por mais cuidado que Cassiano tomasse, por conhecer as atitudes extremas de Rebeca, havia sempre a queixa de que uma mulher andara lançando olhares provocativos e que ele havia correspondido discretamente; ou, o que era pior, de que

Nova Chance para a Vida

andara direcionando olhares cobiçosos para essa ou aquela garota que usava um shortinho, uma blusinha decotada ou uma minissaia.

Essas cismas constantes geravam conflitos terríveis; discussões desgastantes que duravam dias e os torturavam profundamente.

Uma vez, quando estavam num supermercado, Rebeca se atracou com a moça do caixa que, no momento em que foi pegar o dinheiro com o qual Cassiano pagava a compra, segurou a mão dele e brincou:

— Como vai, Cassiano? Sumido, hein!

Então ele a reconheceu. Tratava-se de uma ex-colega dos tempos de colégio. Cumprimentou-a com amabilidade, mas tenso, porque sabia que Rebeca observava tudo.

E ela realmente não gostou nem um pouco do que viu. Apesar de estar com Eduzinho no colo, partiu para cima da moça, agarrando-a pelos cabelos, destratando-a e perguntando se ela não tinha medo de morrer.

— Este homem tem dona, sabia? Por acaso, você sabe quem sou eu? Já ouviu falar do Januário da polícia? — perguntou em tom de ameaça.

Para conter a agressão, dois seguranças da loja praticamente os expulsaram do estabelecimento. Foi um escândalo terrível, e Cassiano ficou morrendo de vergonha. Nunca mais teve coragem de voltar àquele lugar.

Após saírem, Rebeca o encarou com raiva. Recusou-se a entregar Eduzinho, que, assustado, chorava em seu colo, e acusou o marido de ser o culpado por tudo aquilo.

Roberto de Carvalho inspirado pelo Espírito Francisco

— Eu sempre desconfiei de que você andava de intimidades com suas ex-coleguinhas do colégio. Mas não fique tão satisfeito, Cassiano. O meu pai vai saber de tudo e vai lhe dar um corretivo, seu conquistador de meia-tigela!

Rebeca adorava levar os conflitos domésticos ao conhecimento de Januário. Contava sempre a versão dela, é claro. E, em suas versões, ela era a vítima e Cassiano, sempre o algoz. Por isso, a antipatia que o policial naturalmente já nutria pelo genro aumentava cada vez mais.

Quando Januário ia abastecer a viatura da polícia no posto de Jairo, recusava-se a ser atendido por Cassiano, e, se não houvesse outro frentista para atender, ele ia embora e voltava em outro momento.

Januário era uma sombra constante na vida do jovem pai de família, e Cassiano passou a temê-lo, ainda mais depois de ter ocorrido, naquele município, um episódio envolvendo o sogro num escandaloso caso de assassinato.

CAPÍTULO 5

Pingo

É o instinto de destruição no que tem de pior, porque se a destruição, algumas vezes, é necessária, a crueldade não o é jamais. Ela é sempre o resultado de uma natureza má.

O Livro dos Espíritos – Questão 752 – Boa Nova Editora

Um francês sexagenário chamado Jean Paul, que era artista plástico e morava no município havia uns vinte anos, foi encontrado morto em sua casa, onde vivia solitariamente. Segundo se constatou, ele tinha sido assaltado e assassinado a facadas, sem que nenhum suspeito de haver cometido o crime fosse identificado pela polícia.

Duas semanas depois da ocorrência, porém, um rapazinho conhecido pelo apelido de Pingo foi preso tentando vender um relógio de ouro com as iniciais JP gravadas em seu fundo. Conduzido à delegacia, Pingo alegou ter ganhado o relógio como presente do Dia dos Namorados. Contou que Jean Paul era homossexual e que os dois mantinham um relacionamento às escondidas.

Todos duvidaram da história, até porque Pingo já tinha algumas passagens pela delegacia por pequenos furtos e uso de drogas, e o fato de Jean Paul ser homossexual era, segundo a maioria dos moradores da cidade, muito improvável. Apesar de ser um solteirão convicto e de nunca ter sido visto com mulheres, o pintor de quadros era um cidadão discreto e, aparentemente, sério demais para ter um relacionamento amoroso com outro homem.

No entanto, com exceção do relógio com as iniciais de Jean Paul, nada mais ligava o rapazinho desajustado à cena do crime. Sem sua confissão, a polícia não poderia mantê-lo preso por muito tempo, e seus familiares começaram a pressionar para que ele fosse solto.

Um dia, durante uma visita à prisão, feita por sua mãe,

Nova Chance para a Vida

Pingo se queixou de estar sendo torturado por Januário, que tentava, por todos os meios, forçá-lo a confessar o crime. Mostrou vários ferimentos em seu corpo e chorou muito, dizendo que acabaria assassinado, caso não fosse retirado dali o mais rapidamente possível. Seus familiares, porém, eram de posses financeiras e intelectuais limitadas e não sabiam nem por onde começar. Além disso, entre os próprios parentes havia aqueles que também duvidavam da inocência do rapaz.

Por causa da denúncia feita à mãe, e que se tornou de conhecimento público, Pingo passou a ficar incomunicável, e seus parentes não puderam mais visitá-lo.

Um mês depois da prisão de Pingo, um crime seme-lhante ao ocorrido no município se repetiu numa cidade vizinha, mas, desta vez, a vítima — uma sitiante de idade avançada e que também vivia sozinha — sobreviveu aos ferimentos e contou ter sido atacada por dois casais, des-crevendo-os detalhadamente para a polícia.

Com a imediata mobilização da força policial, os meliantes foram presos dois dias depois e confessaram, além do ataque à sitiante, a morte de Jean Paul e mais alguns crimes graves ocorridos em cidades circunvizinhas.

Diante disso, familiares e amigos de Pingo se reuniram em frente à delegacia exigindo a soltura do rapaz. E aí explodiu a bomba: Pingo simplesmente havia desaparecido e ninguém sabia do seu paradeiro.

Inicialmente, os policiais alegaram que o tinham

libertado havia uns dias, mas os parentes desmentiram, afirmando que o rapaz não voltara para casa nem fora visto por nenhum morador da cidade.

O caso chamou a atenção da imprensa, mais por causa de Jean Paul — que tinha relativa influência no meio artístico — do que necessariamente pelo sumiço de Pingo. Mas, como uma coisa levava à outra, a repercussão dos fatos obrigou as autoridades a apresentarem uma solução para o caso do jovem que desaparecera enquanto estava sob a custódia da polícia.

Uma intricada batalha jurídica teve início, até que, sem ter mais como manter a farsa, pressionado por seus superiores hierárquicos, Januário acabou confessando que Pingo havia morrido durante uma das sessões de tortura, e seu corpo tinha sido desovado no meio de um matagal. Feitas as buscas no local indicado pelo policial, o cadáver realmente foi localizado.

Assim, Januário foi indiciado por assassinato, tortura e ocultação de cadáver, com várias circunstâncias agravantes. Porém, apesar do indiciamento, quase nada mudou em sua vida, e ele continuou exercendo suas funções normalmente, enquanto aguardava em liberdade por um julgamento que ninguém acreditava que fosse acontecer.

Na verdade, o fato de admitir ser um assassino frio e impiedoso apenas o tornou ainda mais temido naquela cidade e, pior, Rebeca passou a ter uma razão ainda mais forte para amedrontar o marido. Cassiano andava apavorado com a possibilidade de, a qualquer momento, ter a ira de Januário direcionada a ele.

Se Rebeca pudesse compreender o que se passava na mente e no coração do esposo, teria certeza de que não havia a menor razão para se preocupar com traições.

Se alguma vez na vida Cassiano houvesse alimentado a ilusão de que as aventuras amorosas eram uma coisa positiva e tivesse a intenção de se tornar um conquistador, como ela insinuava, a amarga experiência que experimentava agora colocaria por terra qualquer pretensão a esse respeito.

Ele fora criado por parentes que não lhe demonstravam simpatia e que viviam lançando olhares acusadores em sua direção. Seu mundo sempre fora despovoado de afeições familiares. Passara a infância e a adolescência sendo empurrado de uma casa para outra, como se possuísse uma doença contagiosa. Estigmatizado como uma presença maligna, nunca soube o que representava um gesto de carinho ou de aceitação sincera.

Depois, vendo-se na obrigação de assumir uma responsabilidade tão grande em idade tão prematura, tentou construir seu ambiente familiar, juntando os fiapos de valores materiais e afetivos que lhe eram possíveis. Mas, também ali, naquele mísero casebre, reinava a desconstrução afetiva, a prevalência dos sentimentos de fracasso e a frustração.

Ele e Rebeca não se amavam, era óbvio, mas talvez não o percebessem. Para saber o que é desamor, é necessário conhecer o seu contraponto, ou seja, o amor. Só que a existência dos dois, até aquela idade, havia sido uma completa negação de valores afetivos.

A vida de Rebeca não havia sido muito diferente da de Cassiano. Seu estigma era ser filha de um assassino odiado e temido na cidade; de um pai que lhe passava uma falsa sensação de segurança; que a mimava demais e demonstrava um descontrole patológico em quase tudo o que fazia. Sua mãe era um "zero à esquerda", um arremedo de gente cujas atitudes nada acrescentavam de positivo à vida da filha.

Talvez Cassiano e Rebeca amassem o filho, talvez não. Eduzinho também era uma espécie de fruto casual da ação irresponsável de dois jovens embriagados, perdidos numa madrugada qualquer; uma semente lançada ao acaso, num gesto impensado. Ele não fora planejado, desejado, esperado... Era, na verdade, a terceira vítima do erro que os dois jovens haviam tentado consertar com remendos inconsistentes, precipitados e desastrosos.

Cassiano gostava de brincar com o filho, engatinhando pela casa à imitação de uma montaria, com o menino enganchado às suas costas.

Adorava as gargalhadas de Eduzinho agarrando-se

às suas camisas puídas, cheirando a óleo diesel, graxa e gasolina. Para provocar suas risadas, o jovem pai dava pinotes fingindo que tentava derrubá-lo.

Outras vezes ficava irritado porque havia trabalhado quinze horas seguidas e precisava dormir, mas o menino ficava puxando-o pelos cabelos, numa insistência lamuriosa:

— *Vem, papai! Vamo bincá de cavainho...*

Cassiano não sabia distinguir o que representavam aqueles sentimentos tão opostos e que, no fundo, se complementavam. Ele não conhecia o verdadeiro significado dos sentimentos e os vivenciava fortuitamente, como alguém que tateia no escuro para se situar num local desconhecido.

Nunca possuíra razão para amar ou odiar alguém. Apenas levava a vida, procurando cumprir as obrigações de empregado, pai, esposo, inquilino, cidadão... e seguia adiante, tentando não se enrolar muito com as contas — materiais e morais — que lhe seriam cobradas no futuro.

Tentava dar o melhor de si, mas o melhor que possuía era insuficiente para satisfazer as pessoas que orbitavam o seu círculo familiar. A cada dia isso se tornava mais claro, pois uma atmosfera de ódio crescente se agigantava em seu mundinho particular.

Rebeca, em sua mente imatura, criava sempre mais e mais razões para odiá-lo. Januário exercia a função de um vigilante atento, uma guilhotina armada sobre o seu pescoço; pior, uma guilhotina que ansiava por ser acionada a qualquer momento.

Roberto de Carvalho inspirado pelo Espírito Francisco

Ele simplesmente não sabia como reverter tudo aquilo. Sentia-se impotente, como um náufrago agarrado a um destroço qualquer, empurrado pela ação do vento e das ondas, sem saber para onde o mar revolto da vida o conduzia.

CAPÍTULO 6

Confronto

Há duas espécies de afeições: a do corpo e a da alma, e, frequentemente, se toma uma pela outra. A afeição da alma, quando pura e simpática, é durável; a do corpo é perecível. Eis porque, frequentemente, aqueles que creem se amar, com um amor eterno, se odeiam quando a ilusão termina.

O Livro dos Espíritos – Questão 939 – Boa Nova Editora

Cassiano voltou para casa num sábado à noite, depois de mais um estafante dia de trabalho. Estava sujo, cansado e faminto. Além de encontrar a residência numa bagunça terrível e as panelas vazias, teve ainda de aturar a desconfiança e o mau humor de Rebeca, que assistia à TV.

Com a chegada do esposo, ela baixou o volume da televisão, para ter certeza de que seria ouvida claramente, e ironizou:

— Que belo marido eu fui arranjar! Nunca me senti tão sozinha e desamparada na vida...

Ele fingiu não ter ouvido a provocação e se preparou para tomar banho. Mais tarde veria a possibilidade de fazer alguma coisa para comer. Quando Rebeca começava com suas reclamações, era impossível fazê-la desistir. Responder às suas provocações significava acender o estopim de uma bomba sempre pronta a explodir; mas silenciar também a deixava irritada, pois seu orgulho não admitia desatenção.

Cassiano entrou no quarto para pegar uma toalha de banho. Eduzinho estava dormindo. Apesar de já estar um pouco grande, continuava ocupando o berço, pois a casa possuía apenas um quarto, e nele não cabiam duas camas.

Esse detalhe já fora motivo de muita humilhação para o chefe daquela família. Rebeca vivia exigindo que Cassiano procurasse uma casa maior para alugar. Ele fazia as contas e se desesperava, pois com o salário que ganhava seria impossível arcar com um aluguel mais caro do que o que vinha pagando.

Enquanto se banhava, notou que a esposa continuava

Nova Chance para a Vida

reclamando, mas ele não conseguia ouvir exatamente o que ela falava e, no fundo, achou até que era melhor assim. Após o banho, voltou para o quarto e vestiu uma roupa limpa. Quando estava saindo, deparou-se com Rebeca obstruindo a passagem, com os braços apoiados num batente da porta e as costas no outro.

Encarou-o com raiva e desafiou:

— Vai ficar me ignorando, é? Vai fingir que não ouviu o que eu falei? Ou por acaso, além de fracassado, você é surdo?

Movido pelo desconforto provocado por cansaço e fome, Cassiano sentiu uma forte irritação, mas esforçou-se, ao máximo, para manter o clima sob controle.

— Rebeca, por favor, pare com isso! Eu trabalhei o dia todo, estou cansado, faminto... Não estou a fim de discussão...

Ela moveu o corpo e ficou de frente para ele. Encarou-o, colocando as duas mãos na cintura, e começou a gritar:

— Ah, então o pobrezinho do meu marido está cansadinho? E eu, estou o quê? Hein, Cassiano? Ou você acha que eu fiquei o dia todo dormindo? Acha que o seu filho não dá trabalho nenhum?

— Por favor, Rebeca, fale baixo! Você vai acordar o Eduzinho...

— Preocupado com o seu filho, Cassiano? Sabe que ele passou a tarde toda com febre? Que eu tive de pegar remédio emprestado com a vizinha, porque nesta maldita casa não tem nem um comprimido para gripe?

Roberto de Carvalho inspirado pelo Espírito Francisco

Cassiano tentou sair do quarto, mas Rebeca estava determinada a não deixá-lo em paz.

— O Eduzinho, Cassiano, tem um pai horrível, sabia? Um pai desnaturado que não liga para ele. Enquanto os pais dos coleguinhas dele levam os filhos para jogar bola e empinar pipa, o Eduzinho fica grudado na barra da saia da mãe o dia inteiro, porque o pai está por aí, fazendo sabe-se lá o quê.

— O pai dele estava trabalhando, Rebeca...

— Trabalhando? Vai saber! Sair de casa de madrugada e chegar a esta hora da noite? Vai ver estava se esfregando por aí com as coleguinhas de colégio, como aquela sonsa do supermercado. Ou você acha que eu já esqueci aquela história, hein?

Cassiano percebeu que a situação era muito grave. Desistiu de procurar algo para comer. Tudo o que ele queria agora era sair de casa, ir para a rua, respirar ar puro, andar a esmo...

Tinha de fazer alguma coisa, pois precisava sair de perto da esposa o mais rápido possível. Encarou Rebeca e ordenou muito sério:

— Deixe-me passar!

Ela gostou do desafio. Apoiou cada mão em um lado do batente, formando uma cruz, e provocou:

— Passa por cima, se for homem!

— Rebeca, por favor, não me obrigue...

— O que foi, Cassiano? Resolveu virar homem agora, é? Um fracassado querendo cantar de galo?

Nova Chance para a Vida

— Rebeca, pelo amor de Deus...

E aí ocorreu o fato mais obscuro que podia acontecer. Rebeca jogou-lhe na cara a terrível acusação que o acompanhava desde a infância, mas que ele nunca esperara ouvir dela, principalmente num momento tão conturbado quanto aquele.

— Deus? Como é que um assassino pode falar em nome de Deus?

Com o choque provocado pelas palavras ferinas de Rebeca, Cassiano retribuiu à altura o seu olhar agressivo. Um fogo terrível pareceu queimar-lhe o estômago. Sua respiração ficou sufocada e foi com um fio de voz que perguntou:

— O quê? Do que você me chamou?

Rebeca ameaçou um breve recuo, mas logo voltou a se encher de coragem. Havia, finalmente, conseguido atingir o marido e isto a enchia de prazer.

— Chamei-o de assassino, Cassiano! O meu pai me contou tudo... Aliás, pelo que ele disse, essa história é conhecida por todo mundo. Só a idiota aqui não sabia...

O frentista sentiu uma tremura percorrer-lhe o corpo. O autodomínio que estava mantendo à custa de muito esforço se diluiu. Segurou Rebeca pelos ombros e suas mãos agora pareciam duas potentes garras.

— Não fale isso, Rebeca! Não me chame de...

— Assassino! Assassino! — gritou ela, histérica, rindo entre dentes. Estava feliz por ter conseguido finalmente tirá-lo do sério.

Roberto de Carvalho inspirado pelo Espírito Francisco

Cego pelo descontrole emocional, Cassiano a puxou violentamente para dentro do quarto. O objetivo era apenas liberar a passagem da porta. Ele precisava sair dali ou o seu peito iria explodir. Mas, devido ao calor da discussão, acabou usando uma força desproporcional. Rebeca passou por ele desequilibrada pelo forte puxão e caiu com violência dentro do quarto.

Na queda, bateu a testa na lateral da cama, produzindo um forte estrondo. Um corte profundo, provocado pela quina da madeira, se abriu, e o sangue jorrou abundantemente da ferida, cobrindo de vermelho o rosto pálido da moça.

Ao sentir o líquido morno escorrendo em sua face, Rebeca passou a mão no rosto e retornou com os dedos rubros. Olhou espantada para o sangue que lhe tingira a mão e começou a gritar:

— Miserável! Veja o que você fez! Está feliz por ter agredido uma mulher indefesa? Seu assassino! Assassino! Assassino!...

Cassiano ficou parado na porta, indeciso, sem saber se entrava e a socorria ou se ia logo embora, já que este havia sido o objetivo inicial. Mas a decisão surgiu de modo surpreendente.

Eduzinho, que havia acordado com todo aquele barulho, apoiou-se na grade de proteção do berço, aprumou-se e, vendo o que estava acontecendo e ouvindo as acusações da mãe, começou a chorar e a pedir no meio do choro:

— *Vai embola, papai! Vai embola, papai!*

Cassiano deu um passo em direção a Rebeca, tencionando ampará-la, mas ela tomou uma postura de autodefesa, protegendo-se com as duas mãos, achando ou fingindo achar que ele iria agredi-la, e gritou:

— Some daqui, seu miserável! Nunca mais quero olhar na sua cara!

Ele concluiu que não havia mais o que fazer ali. A situação era caótica demais para tentar consertá-la naquele momento. Deu uma última olhada para o triste cenário: Eduzinho chorava no berço, os bracinhos estendidos, pedindo que a mãe o pegasse. Rebeca, caída e escorada na cama, tentava conter o sangramento da testa com uma fronha.

O rapaz saiu cabisbaixo, rua afora. Seguiu andando sem direção certa. Já não sentia mais fome, nem cansaço, nem raiva... Em sua mente repercutiam as últimas frases que ele ouvira. Rebeca chamando-o de assassino e Eduzinho gritando: *"Vai embola, papai!"*.

Uma chuva fina banhava-lhe o rosto e se misturava às lágrimas de tristeza que afloravam de seus olhos. Cassiano pensou que, se existisse um momento bom para morrer, aquele parecia o melhor para isso. A rua estava deserta. A chuva havia engrossado e encharcava-lhe a roupa, mas ele não sentia nada. Era como se estivesse anestesiado.

Seguia em direção ao centro da cidade, mas sem saber

ao certo por qual razão o fazia. Talvez o fizesse apenas pelo hábito do trajeto realizado diariamente. Sua preocupação no momento era se livrar das acusações que a voz de Rebeca continuava a repetir em sua mente, numa infindável ladainha: "*Assassino... Assassino... Assassino...*".

Continuou seguindo a esmo e, sem se dar conta, desviou por uma rua transversal, depois entrou em outra e mais outra, caminhando aleatoriamente por lugares que mal conhecia.

Uma figura invisível aos olhos materiais seguia-lhe os passos. Era o espectro de um homem de semblante triste e revoltado. Os sentimentos pesarosos de Cassiano fundiam-se nas más emanações fluídicas daquele Espírito que, à semelhança de um guarda-costas, mantinha-se atento e vigilante ao seu lado.

CAPÍTULO 7

A fuga

Nessas uniões, frequentemente, procurais mais a satisfação do vosso orgulho e da vossa ambição, do que a felicidade de uma afeição mútua; suportareis, então, a consequência dos vossos preconceitos.

O Livro dos Espíritos – Questão 940 – Boa Nova Editora

O telefone tocou na residência de Januário, que assistia à TV. O policial levantou e atendeu com má vontade, já que estava no meio de um empolgante filme de ação.

Do outro lado da linha, uma nervosa voz feminina o inquiriu:

— Alô! Januário?

— É ele mesmo. Quem fala?

Era Cidália, a proprietária do casebre onde Cassiano e Rebeca moravam.

— Olha, a sua filha está aqui na minha casa, aos prantos. Ela quer falar com você.

— O quê?

Rebeca pegou o telefone, mas tinha dificuldade de falar devido à crise de choro, que deixou o policial preocupado e irritado ao mesmo tempo.

— O que está havendo, filha? Fala logo!

— Preciso que o senhor venha aqui agora, pai... Por favor!

— Mas o que houve?

— Eu conto tudo aqui... Por favor... Venha logo!

Januário costumava deixar uma das viaturas da polícia sempre em sua casa, e foi com ela que se dirigiu à resi- dência da filha, em altíssima velocidade. Seu instinto policial dizia que algo de muito ruim havia acontecido e ele tinha certeza de que o genro estava por trás daquilo. Rebeca o esperava na varanda com uma bolsa de roupa e Eduzinho no colo.

Nova Chance para a Vida

Januário saltou da viatura e correu até a varanda, pois a chuva estava bem grossa naquele momento. Aproximou-se de Rebeca, vendo sua testa inchada, suja de sangue, e os olhos vermelhos de tanto chorar.

— O que está acontecendo? Onde está o seu marido? Que ferimento é este? — perguntou bufando de raiva, os punhos cerrados.

Em vez de responder, Rebeca atirou-se nos braços do pai e deu vazão a um pranto lamentoso, acompanhada por Eduzinho, que também não parava de chorar.

Cassiano não sabia há quanto tempo estava caminhando — possivelmente há horas —, quando um veículo em alta velocidade parou ao seu lado, provocando um estridente barulho de freada.

Com o susto, ele despertou daquele estado de apatia. A porta do carro se abriu e o motorista, que não podia ser visualizado por conta da escuridão da noite e da chuva, gritou:

— Entra aqui, Cassiano! Entra logo, cara!

Ele titubeou por uns instantes, mas o motorista gritou ainda mais alto:

— Está querendo morrer, cara? Entra logo aqui!

Cassiano entrou automaticamente e só então viu que era o seu tio Jairo.

— O que você fez, Cassiano? Ainda bem que fui eu

que o achei, e não Januário. Ele está irado, caçando você feito um louco. Já foi várias vezes ao posto de gasolina e está rondando a cidade à sua procura. Disse que vai mandá-lo para o inferno ainda esta noite.

Jairo falou tudo isto num só fôlego e repetiu a pergunta:

— O que você fez, seu maluco?

Mas o sobrinho não estava com a menor disposição para falar sobre aquele assunto e, por incrível que pareça, as informações do tio não o abalaram nem um pouco. Porém, Jairo insistia em querer ouvi-lo, enquanto dirigia como um louco pelas ruas alagadas.

— Conta aí, Cassiano. O que aconteceu, afinal?

— Foi só uma briga idiota... — respondeu por fim, com má vontade.

— Briga idiota? Januário disse que você tentou matar a filha dele, cara! Disse que a menina está com a testa partida; que precisou levar não sei quantos pontos lá no hospital.

O rapaz encolheu os ombros. O tio deu uma palmada em sua perna.

— Não vai dar para você ficar aqui, Cassiano. É muito arriscado. Vou levá-lo até a cidade mais próxima. Dou-lhe algum dinheiro e você vai embora para algum lugar bem longe daqui... Vai para São Paulo; não é o que você sempre quis? Deixa a poeira baixar. Depois a gente vê como fica.

Cassiano permaneceu em silêncio. Novamente se via na condição de náufrago. A tábua de salvação era o tio, que tentava livrá-lo da guilhotina que havia sido finalmente acionada e deslizava perigosamente na direção do seu pescoço.

Nova Chance para a Vida

Ele sentia as coisas acontecerem como se estivesse num sonho, ou melhor, num pesadelo, onde se deixava conduzir passivamente, sem possuir nenhum controle sobre o desenrolar dos fatos.

O silêncio no interior do veículo só foi quebrado quando, com voz rouca e desanimada, ele ousou fazer ao tio uma pergunta que havia muitos anos estava presa em sua garganta e que nunca tivera coragem de perguntar:

— Tio, o senhor também acha que eu sou um assassino?

Jairo se mostrou surpreendido pelo inesperado questionamento. Diminuiu um pouco a velocidade do carro e olhou para o sobrinho.

— O quê?

Cassiano permaneceu quieto. Não estava disposto a repetir a pergunta. Então o tio respondeu:

— Bom, se eu ouvi direito, e se é por causa do que aconteceu no seu passado, a resposta é não. Que absurdo! Você era apenas uma criança...

Um breve sentimento de alívio envolveu Cassiano, mas logo uma dúvida tratou de afastar o repentino bem-estar e ele perguntou para si mesmo: "Será que o tio está sendo sincero em suas ponderações? Ou está falando da boca pra fora, apenas para amenizar o meu mau momento?".

Chegando à tal cidade de onde Cassiano embarcaria

para São Paulo, Jairo lhe deu uma quantia razoável de dinheiro e perguntou se ele tinha conta bancária.

— Tenho uma poupança que está zerada há muito tempo — respondeu.

— Ótimo! Dá aí o número. Vou depositar nela os valores da sua indenização.

Cassiano entregou a ele um papelzinho amarrotado, que pegou no fundo da carteira, com os dados bancários da conta que havia aberto aos quinze anos, com o primeiro dinheiro que tinha ganhado consertando bicicletas.

Sua intenção, à época, era ajuntar uma quantia razoável até completar a maioridade e poder deixar o interior, mas o rumo que sua vida tinha tomado acabara frustrando tais pretensões.

Quando o tio foi embora, Cassiano recostou-se em um banco do terminal rodoviário e, apesar de estar encharcado e com frio, acabou pegando no sono. Dormiu até a chegada do ônibus ao terminal, o que ocorreu depois de quase três horas.

A viagem foi feita numa madrugada chuvosa. O rapaz voltou a dormir assim que embarcou, pois se sentia esgotado de corpo e alma. Quando acordou novamente, estava em meio à frenética movimentação de ônibus e pessoas no terminal rodoviário da capital paulista.

A roupa havia secado no corpo e o cansaço havia se dissipado. O sol começava a espalhar os seus raios dourados sobre as ruas molhadas, prenunciando um dia quente e abafadiço.

Nova Chance para a Vida

Iniciava-se ali a nova fase da vida de Cassiano. Apesar de todos os percalços enfrentados, alimentava na alma um sutil sentimento de esperança. Quem sabe as coisas não começariam a dar certo em sua vida?

Precisava agora se concentrar no presente, pois o passado era desastroso e o futuro, uma tremenda incógnita.

Nova Chanc

Nova Chance para a Vida

Nova Char

SEGUNDA PARTE

CAPÍTULO 8

Alvoroço

A situação material e moral da Humanidade terrestre nada mais tem que espante, dando-se conta da destinação da Terra e da natureza daqueles que a habitam.

O Evangelho segundo o Espiritismo – Capítulo 3 – Item 6 – Boa Nova Editora

Cassiano acordou ouvindo umas pancadas na porta do quarto e a voz esganiçada de dona Genésia a chamar-lhe agitadamente. A dona da pensão era uma sexagenária viúva, muito alta e um tanto acima do peso. Era descendente de italianos e falava quase sempre aos gritos, talvez por ser um pouco surda. Além disso, tinha o hábito de impor uma entonação dramática e meio cantada a sua voz, quando tratava de assuntos complicados.

— Cassiano, acorda! Abre esta porta, por Deus!

Ele custou a entender o que estava acontecendo. Sua cabeça continuava latejando, embora menos intensamente. Mas ainda sentia uma forte tontura, e o local atingido pela coronha do revólver estava bem dolorido.

Ao abrir os olhos, percebeu que a luz do sol não estava mais entrando pela janela do quarto, o que significava que já passava do meio-dia. Levantou-se com dificuldade. Do outro lado da porta, dona Genésia gritava agora com Inácia, pedindo que ela lhe levasse a cópia da chave.

— Não precisa. Eu já vou abrir! — respondeu o rapaz com esforço, apenas para poupar o trabalho da empregada.

A senhoria invadiu o quarto de modo tão abrupto, com seu corpanzil desengonçado, que quase o derrubou. Olhou para a cama. Viu que a fronha e a camisa branca — que estava jogada no chão — encontravam-se manchadas de sangue. Encarou o inquilino com os olhos arregalados.

— Mas que diabos! O que se passou, Cassiano?

As pernas do rapaz continuavam fracas. Voltou para a cama, sentando-se com as costas apoiadas na cabeceira.

Nova Chance para a Vida

Dona Genésia continuou olhando-o com grande expectativa, esperando a resposta.

— Um assalto no posto de gasolina onde fui ver o emprego — respondeu depois de um tempo, que pareceu uma eternidade à dona da pensão.

— Sim, disto eu sei. Quero saber por que você está ferido.

— Um dos bandidos me deu uma coronhada. Como é que a senhora ficou sabendo?

— O gerente do tal posto ligou aqui para saber notícias suas. Disse que você não quis esperar a ambulância... Que saiu de lá feito um louco...

Só então ele se lembrou de que seu currículo havia ficado com o gerente. O telefone para contato era o da pensão. Voltou a se lembrar da cena constrangedora que havia protagonizado, sendo humilhado daquele jeito pelo assaltante, e perguntou para si mesmo se o gerente não havia contado tudo à senhoria.

Porém, vendo que dona Genésia estava preocupada apenas com o seu bem-estar físico, descartou a hipótese.

— Cassiano, você precisa ir ao posto de saúde do bairro. Esse ferimento pode ser bem mais grave do que aparenta — disse ela.

Ele não aceitou a sugestão. Encontrava-se deprimido e ainda envergonhado demais para sair transitando pelas ruas. Então a dona da pensão o mandou tomar um banho e disse que depois faria um curativo decente em sua cabeça.

Ao contrário do que Cassiano esperava, as roupas de

cama foram trocadas sem nenhuma reclamação. A camisa suja de sangue também foi para a lavanderia, sem que nenhuma taxa extra lhe fosse cobrada — um gesto de solidariedade de dona Genésia que contrariava sua natureza sempre tão pragmática comercialmente.

Mais tarde, enquanto passava um unguento ardido no galo que se formou na cabeça do rapaz, dona Genésia reclamou da violência em São Paulo e perguntou se, pelo menos, ele havia conseguido o tal emprego.

Cassiano respondeu que não sabia. Explicou que havia saído do local durante o tumulto e mentiu, dizendo que o gerente o mandara voltar outra hora.

Disse isto apenas para aliviar a sua barra, pois, no fundo, estava decidido a nunca mais pôr os pés naquele lugar. Só de pensar na humilhação sofrida, sentia asco de si mesmo e um ódio imenso pelo sujeito que o submetera a tamanho constrangimento.

— Tomara que você consiga o emprego — suspirou dona Genésia. — Será uma pena ter de mandar embora um inquilino tão simpático por falta de pagamento — acrescentou, saindo do quarto e levando a pequena bacia com água suja de sangue coalhado.

Cassiano voltou a ficar sozinho e, toda vez que fechava os olhos, a imagem daquele sujeito truculento o sobressaltava. Ele revia o rosto carrancudo e as retinas avermelhadas fitando-o com raiva, e voltava a sentir o mesmo desconforto do momento em que fora humilhado e agredido gratuitamente.

Nova Chance para a Vida

Naquela tarde, Cassiano começou a pensar seriamente sobre sua caótica situação. Estava em São Paulo havia seis meses, e tudo o que conseguira até então tinham sido algumas ocupações provisórias como distribuidor de panfletos, atividade que praticamente não lhe dera nenhum retorno financeiro.

Havia espalhado uma quantidade imensa de currículos em postos de gasolina, já que possuía experiência apenas como frentista. Chegara a ser chamado para algumas entrevistas, mas não conseguira nenhum emprego. Pensou que talvez o seu jeito caipira estivesse depondo contra ele, desestimulando seus possíveis futuros empregadores.

Considerou que talvez fosse o caso de repensar os seus projetos de vida; adiá-los, quem sabe, por mais um tempo, e voltar para a cidade natal. Estava desanimado e assustado demais com os últimos acontecimentos. Além disso, encontrava-se praticamente sem dinheiro, ameaçado de ser despejado da pensão.

Pensou que, explicando a situação ao tio Jairo, talvez este lhe emprestasse uma quantia, pelo menos para que pudesse pagar a passagem de volta. Certamente ainda havia uma vaga para ele no posto de gasolina ou, em último caso, na bicicletaria.

Eram cinco horas da tarde e Cassiano estava apenas com o café da manhã — única refeição que era servida na pensão. Seu estômago estava vazio. Ele precisava comer alguma coisa, nem que fosse um pão com manteiga e um café com leite.

Pegou uns trocados que mantinha escondidos dentro de um velho tênis e decidiu ir à padaria que ficava a duas quadras dali, numa esquina com a avenida principal do bairro. Desceu a escada devagar, apoiando-se no corrimão. Ainda se sentia zonzo. Seus joelhos, às vezes, fraquejavam, como se fossem se dobrar involuntariamente.

Quando passou pela recepção, Inácia dirigiu-lhe um sorriso triste. Cassiano não sabia se era por causa do curativo no topo da cabeça ou se por algum comentário de dona Genésia sobre o seu inevitável despejo.

— Não precisa me olhar com essa cara de piedade, Inácia — disse sem pensar nas palavras, apenas para quebrar o silêncio. — Eu estou bem.

Mas ela o surpreendeu com sua resposta:

— Não estou com pena de você, Cassiano, mas desta pobre coitada que vive ao seu lado, praticamente implorando por sua atenção. Como ela o ama, meu rapaz!

Cassiano custou a entender o que a recepcionista queria dizer. Mas, quando percebeu do que se tratava, não pôde evitar uma resposta sarcástica:

— *Xiiii!* Lá vem você com suas conversas sobre gente morta, Inácia. Era só o que me faltava.

Disse isto e saiu rindo, apesar das dolorosas pontadas que o riso ainda provocava no ferimento.

Nova Chance para a Vida

Antes de entrar na padaria, Cassiano não resistiu à tentação de telefonar para tio Jairo. Havia alguns orelhões na calçada em frente. Com sorte, algum deles estaria funcionando.

Naqueles seis meses em que estava em São Paulo, ele havia ligado para o tio somente duas vezes. No início, para resolver questões importantes, como o depósito do dinheiro da indenização em sua conta e o envio dos documentos pelo correio para o endereço da pensão. Depois disso, nunca mais voltara a ter contato com ele.

Agora, porém, por causa das dificuldades enfrentadas, Cassiano pensava seriamente em voltar para o interior. No fundo, sentia uma saudade imensa de Eduzinho. Tinha sonhado muito com ele e, ultimamente, até as implicâncias de Rebeca pareciam lhe fazer falta.

Ele sabia que a situação não deveria estar nada boa por lá. Tinha consciência de que havia semeado muito ódio, e a colheita que o esperava, com certeza, não era das melhores. Mas talvez a situação não estivesse tão ruim a ponto de impedir o seu retorno, pensou, tentando se animar. Quem sabe houvesse um meio de remediar as coisas?

Cassiano possuía um cartão de telefone que tinha comprado havia tempos e que ainda não fora usado. Ligou para o posto de combustíveis. Lembrava-se perfeitamente do número.

O telefone chamou uma, duas, três, quatro vezes... Ele pensou que aquilo poderia representar um mau presságio, mas, quando já ia desligar, ouviu um ruído do outro lado da linha, seguido da voz irritada do seu tio:

— Alô! — e, sem o cuidado de tapar o fone com a mão, o tio gritou: — Por que ninguém atendeu este maldito telefone?

Alguém emitiu algumas palavras ininteligíveis, possivelmente se justificando, e ele respondeu algo como "bando de folgados" ou qualquer coisa assim.

— Alô, tio Jairo?

Cassiano estava inseguro, já arrependido de haver tomado aquela iniciativa.

— Quem é?

— Cassiano, tio. O seu sobrinho...

— Mas é claro, Cassiano! Como estão as coisas por aí, meu jovem? Já ficou milionário em São Paulo?

Naturalmente, tratava-se de uma brincadeira. Jairo possuía um humor estranho, que ia da cólera ao gracejo em questão de segundos. O problema é que nunca dava para saber em qual situação ele estava sendo mais sincero.

Cassiano respondeu com palavras inexpressivas, sem nenhum sentido claro. Mas, quando foi a sua vez de perguntar como estava a situação por lá, a conversa ficou muito mais séria.

— Seu ex-sogro anda possesso e, de vez em quando, pergunta por você. Disse que a hora que o pegar vai mandá-lo ajustar contas com o capeta, passe o tempo que passar.

Nova Chance para a Vida

Jairo explicou que as coisas estavam ainda mais complicadas, porque Januário ia enfrentar um júri criminal muito em breve. O motivo do julgamento era o assassinato de Pingo.

Depois de ouvir as orientações do tio, o sobrinho argumentou que estava pensando em fazer uma visita a Eduzinho, porque estava com saudade do filho, mas Jairo nem o deixou concluir.

— Nada disso, Cassiano! Fique por aí mesmo e nem pense em botar os pés aqui. Se Januário colocar as mãos em você, não haverá a menor garantia sobre a sua vida. Ele sabe que já está perdido mesmo... Um crime a mais não fará diferença, e ele não perdoa o que você fez à filha dele.

— Foi só uma briga de casal...

— Mas ele não encara as coisas desse modo. Para ele, você engravidou a moça, agrediu-a e a abandonou com um filho no colo. Orgulhoso e destemperado como é, isto lhe dá motivo mais do que suficiente para acabar com sua vida.

— Mas, tio, e a Rebeca? E o meu filho? Como estão? — perguntou aflito.

Seu desespero era real, mas no fundo tinha muito mais a ver com seu mau momento do que necessariamente com Eduzinho e Rebeca. Intimamente, Cassiano sabia que ambos estavam em melhores condições do que ele. E o tio jogou água fria sobre a fervura das suas esperanças.

— Bem, o que se comenta por aqui é que a sua ex-mulher voltou para a casa dos pais e tem andado numa farra tremenda. Vive enfiada em bares, enchendo a cara e se divertindo bastante.

Roberto de Carvalho inspirado pelo Espírito Francisco

O choque que recebeu diante da bombástica revelação deixou-o tão mudo, que o tio chegou a pensar que a ligação houvesse caído.

— Alô, Cassiano? Ainda está aí?

— Estou aqui, tio! — respondeu o rapaz, quase sem voz.

— Quer ouvir um bom conselho? Passe uma borracha no passado e toque a vida para a frente. Independentemente de como esteja a sua situação aí em São Paulo, com certeza está melhor do que se você estivesse aqui. Seu filho está sendo bem cuidado pela avó e a mãe dele não merece a menor consideração, rapaz! Esqueça a Rebeca... É para a frente que se anda, meu jovem!

Desta vez, a ligação caiu mesmo. Acabaram-se os créditos do cartão telefônico.

Cassiano perdeu o apetite. Seu estômago estava enjoado e o cocuruto na cabeça voltou a latejar intensamente. Era difícil admitir, mas ele estava corroído pelo desapontamento. Não conseguia aceitar a ideia de que Rebeca pudesse estar buscando consolo nos braços de outra pessoa. Estavam separados havia tão pouco tempo...

Suas pernas fraquejaram novamente; seus joelhos insistiam em se dobrar. Cassiano desistiu do lanche na padaria. Tudo o que queria agora era voltar para a sua pequenina cama de solteiro na pensão de dona Genésia. Queria aproveitá-la ao máximo, já que dentro de poucos dias teria de deixá-la em definitivo por falta de pagamento.

CAPÍTULO 9

A bola

Pobres homens, que pouco conheceis os fenômenos mais simples da vida! Vós acreditais muito sábios, e as coisas mais vulgares vos embaraçam; Ficais inibidos a esta pergunta de todas as crianças: que fazemos quando dormimos? O que é o sonho?

O Livro dos Espíritos – Questão 402 – Boa Nova Editora

Cassiano tinha quatro anos, e a bola colorida que estava em suas mãos era a coisa mais linda que havia visto na vida. Ela era enorme e lhe fora dada de presente pelo padre da igreja que seus pais frequentavam. Ele não sabia por qual motivo, mas havia acontecido uma grande festa durante a tarde e o pátio da igrejinha estava todo enfeitado de bandeirolas azuis e brancas.

Todas as crianças tinham ganhado doces, balas e brinquedos, mas nenhum brinquedo era tão bonito quanto sua bola colorida. Ele tinha planos para ela. No dia seguinte, iria brincar muito no quintal de casa.

Cassiano e seus pais estavam num ponto de ônibus à margem da rodovia. Fazia pouco tempo que o sol havia se posto, e as primeiras estrelas começavam a salpicar o céu, que se tornava cada vez mais escuro, de luzinhas prateadas.

Seu pai usava um terno marrom e sua mãe, um longo vestido azul, com umas rendinhas mimosas na gola e nas mangas. Eles sempre se vestiam com elegância para ir à missa.

Pouco antes, o menino estava irritado, porque sua mãe não queria que ele segurasse a bola. Ela achava perigoso, pois a bola era muito grande e, mesmo com os dois bracinhos totalmente enlaçados a ela, o menino não conseguia prendê-la firmemente. Mas seu pai pensava de outro modo.

— A bola é dele. Deixa o garoto segurar.

Cassiano abriu um sorriso imenso quando abraçou a bola que o pai acabara de lhe entregar. Sua mãe fez cara

Nova Chance para a Vida

de reprovação, mas o pai, sempre brincalhão, abraçou-a e começou a fazer cócegas na cintura dela.

— Para com isso, seu chato! — ordenou a mulher, tentando falar sério, mas sem conseguir conter os risos provocados pelas cócegas. — Você vai acabar estragando esse menino, sabia? Que mania de ficar satisfazendo todas as vontades dele!

— *Você vai acabar estragando esse menino!* — o pai de Cassiano começou a imitar, de modo jocoso, a fala da esposa e ganhou uns tabefes nas costas.

Havia um clima de descontração no ar. Seus pais eram felizes, e Cassiano, apesar da inocência dos quatro para cinco anos de idade, podia sentir a energia boa emanada daquela simplória e sincera felicidade.

Um vento repentino lançou uma nuvem de poeira no abrigo de passageiros, que era coberto, mas sem proteção nas laterais. Um jorro de areia fininha entrou nos olhos do menino e ele ficou cego por alguns segundos. Seus pais protegeram os rostos, cobrindo-os com a dobra do cotovelo.

O vento se tornou mais agressivo e arrancou a bola das mãos de Cassiano. Ele tentou detê-la, mas ela foi lançada para o meio do asfalto e seguiu girando para o outro lado da rodovia. O menino se desesperou. Não podia perder a sua bola. Ele tinha planos para ela. O quintal de casa os esperava para as brincadeiras do dia seguinte.

Roberto de Carvalho inspirado pelo Espírito Francisco

Agindo por instinto, impulsionado, quem sabe, pela ação do vento pressuroso, Cassiano correu atrás da bola. Seus olhos ardiam, mas, mesmo feridos pela areia, mostraram-lhe a fujona poucos metros à frente. Ele correu em direção a ela. Precisava pegá-la e trazê-la de volta para os seus bracinhos. Pensou em segurá-la com mais firmeza da próxima vez.

Já estava bem perto, mas, quando se abaixou para alcançá-la, nova rajada de vento a levou para mais longe. A bola atravessou totalmente a estrada, passou por cima da guia e ficou presa numa moita de capim. O menino correu com toda a rapidez que suas perninhas permitiam. Jogou-se sobre ela e a segurou, triunfante.

— Cassiano! Cassiano! — gritavam seus pais, em uníssono, do outro lado da estrada.

Ele percebeu que os dois estavam preocupados. Mas a bola já se encontrava em seus braços. Não havia motivo para preocupação. Era só levá-la de volta para o abrigo de passageiros.

— Não, Cassiano! Fique aí! Não venha! — insistiam os pais.

Mas ele já estava com a bola. Não via razão para não voltar. Então começou a correr para junto deles, atravessando a estrada, de volta.

Nova rajada de vento levantou uma nuvem de poeira ainda mais grossa do que a primeira e o obrigou a parar bem no meio da rodovia. Apesar da ardência nas vistas,

Cassiano conseguiu perceber os dois vultos correndo em sua direção.

De repente, o barulho ensurdecedor de uma freada. A seguir, o baque estrondoso de algo pesado que se chocou contra eles.

Em meio à nuvem de poeira e da fumaça produzida pela fricção dos pneus no asfalto, o menino distinguiu a carroceria enorme do ônibus que estavam esperando. Um cheiro horrível de borracha queimada invadiu suas narinas. O vento se aquietou. A nuvem começou a se dissipar. Tudo ficou muito silencioso.

A bola se foi novamente, mas Cassiano já não pensava em ir atrás dela. Estava paralisado no meio da pista. A poucos metros dali, um cenário terrível ia se delineando à medida que a poeira se dissipava. Mas ele se recusava a olhar e, para isso, precisava manter muito bem fechados os seus olhinhos de criança assustada.

Cassiano acordou suado, tremendo, o coração disparado. Há quantos anos não revivia aquele pesadelo? Sua cabeça latejava e seu estômago ardia terrivelmente.

Ele pensou que talvez devesse ter forçado a situação e, mesmo contra a vontade do organismo, ter feito aquele lanche na padaria, à tarde. Mas bastou pensar nisso para se lembrar da conversa com o tio. Percebeu que a dor no

Roberto de Carvalho inspirado pelo Espírito Francisco

estômago não estava relacionada somente à fome, mas à decepção e à insegurança quanto ao futuro.

"*Vive enfiada em bares, enchendo a cara e se divertindo bastante*", dissera seu tio a respeito de Rebeca.

Por mais que ele não quisesse pensar, a imagem de Rebeca bêbada em um bar, nos braços de um sujeito qualquer, não o deixava em paz. O que ela estaria fazendo naquele momento?, perguntava-se, com o coração apertado pela angústia. Mil cenas extravagantes povoavam sua cabeça, e ele não conseguia espantá-las.

Lembrou-se de suas longínquas tardes de amor; do cheiro do perfume adocicado que Rebeca usava para seduzi-lo; das roupas sensuais; dos olhares provocativos... Difícil aceitar que ela pudesse estar revivendo tudo aquilo com outro homem.

A luz refletida pela lâmpada do poste que ficava bem em frente à janela invadia o quarto, atravessando o tecido fino da cortina bege que dona Genésia trocara havia uma semana.

Havia uma claridade leitosa espalhada pelo ambiente, expondo o pequeno guarda-roupa, a cama de solteiro e uma mesinha de cabeceira, sobre a qual Cassiano colocava a carteira e os poucos objetos que carregava nos bolsos da calça. Aquilo era tudo o que compunha seu mundo atual e, ainda assim, não lhe pertencia. Em breve teria de deixar aquele quarto.

Pegou automaticamente a carteira. Dentro dela havia uma foto — a única que possuía — onde estavam juntos ele, Rebeca e Eduzinho. Essa foto havia sido tirada num parquinho, e nela os três pareciam felizes. Em seu sorriso, Eduzinho exibia o primeiro dentinho na gengiva inferior e segurava um tufo de algodão-doce com corante azul, preso a um palito de madeira.

Cassiano ficou olhando fixamente para a foto. Aqueles três sorrisos que se expunham sob a luz frouxa do quarto pela primeira vez lhe pareceram verdadeiros.

Sentiu uma vontade imensa de chorar. Estava ainda abalado com o pesadelo que havia sido muito frequente em sua infância, mas que depois de certa idade deixara de persegui-lo. Ele voltara justamente num momento em que ele se sentia extremamente fragilizado.

Como não tinha relógio, não sabia que horas eram; supôs que o dia ainda demoraria muito para amanhecer e se preparou para esperá-lo acordado. Estava com medo de pegar no sono e ter o pesadelo reiniciado.

Pior ainda, temia que o sono ruim pudesse mostrar o cenário que ele, definitivamente, não tinha a menor disposição para encarar e que sempre evitava, fechando os olhos.

Porém, não conseguiu passar a madrugada acordado, como pretendia. Nem percebeu em que momento voltou a dormir. Mas o pesadelo tão temido não voltou a atormentá-lo.

Cassiano acordou ouvindo o barulho de copos e

talheres no salão do andar de baixo, onde era servido o café da manhã. Seu estômago continuava ardendo. Estava praticamente há 24 horas sem comer nada.

Sentou-se na cama, espreguiçando. Pensou em fazer a higiene matinal e descer logo para comer alguma coisa, mas, quando se levantou, sentiu a vista escurecer, o quarto pareceu girar freneticamente, e seu corpo caiu de volta na cama.

Levou um susto. Seu coração começou a bater, agitado. Considerou a possibilidade de estar sofrendo um infarto e ficou apavorado. Ele sabia que não era comum alguém com sua idade sofrer um ataque do coração, mas sabia, também, que isso não era impossível de acontecer e costumava ser fatal.

Tentou se levantar novamente. Pensou que, se acontecesse alguma coisa, deveria ao menos estar com a porta do quarto aberta para que as pessoas pudessem socorrê-lo.

Seu corpo, no entanto, parecia pesar uma tonelada. Não conseguiu movê-lo. Restou-lhe relaxar e esperar que alguma coisa acontecesse.

Não sabia quanto tempo havia se passado, quando ouviu o estalido na fechadura e a porta se abrindo vagarosamente. Dona Genésia, desta vez, precisou mesmo recorrer à chave reserva.

— Cassiano! Ainda dormindo? — ela estava ao lado dele, mas Cassiano ouvia sua voz baixa, como se a mulher estivesse muito distante dali.

Nova Chance para a Vida

Como nada respondeu, a senhoria se aproximou ainda mais e o sacudiu.

— Que foi, Cassiano? Não está se sentindo bem?

Dona Genésia sentou-se na cama. Abriu-lhe o olho direito com as pontas dos dedos polegar e indicador e o examinou. Depois colocou as costas da mão na testa dele e exclamou agitada:

— Meu Deus! Você está ardendo em febre, Cassiano! Falei pra você ir ao médico, seu teimoso!

E saiu correndo do quarto.

Logo depois, voltou com um termômetro e um copo com um líquido alaranjado. Mandou que Cassiano se recostasse, e ele o fez com dificuldade. Tremia de frio, embora o sol da manhã estivesse projetado sobre quase todo o cômodo.

Dona Genésia enfiou o termômetro embaixo do braço do rapaz. Mandou que ele o prendesse com o sovaco e lhe entregou o copo com o medicamento antitérmico.

— Beba isto, Cassiano! Vai ajudar a baixar a febre.

Mais tarde, ele recebeu café no quarto, mas não tomou quase nada. Estava com enjoos e passou o dia todo acamado. De vez em quando, Inácia ou dona Genésia levavam um pouco mais de remédio e conferiam-lhe a temperatura. Talvez por conta de um efeito colateral provocado pelo medicamento, uma sonolência incontrolável o dominava inteiramente.

Numa das visitas de Inácia, vendo que Cassiano estava um pouco melhor, ela o olhou seriamente e disse:

Roberto de Carvalho inspirado pelo Espírito Francisco

— Cassiano, não adianta ficar relutando. Você precisa encarar o passado sem medo, sem receios. Há uma pessoa que o ama demais e que está esperando há muito tempo para falar com você. Dê uma chance a ela. Deixe-a se manifestar. Não fuja mais dos fantasmas do seu passado.

Ele lançou para ela um olhar mórbido e perguntou:

— Do que você está falando, mulher?

— Dos espíritos que vivem ao seu lado, meu filho! Um homem bravo, que quer protegê-lo, mas não consegue. E uma mulher serena, que precisa muito da sua atenção, mas que também não a consegue.

Apesar do mal-estar que sentia, Cassiano forçou um sorriso irônico.

— Está falando de almas penadas, Inácia?

Ela o olhou complacente.

— Estou falando de pessoas que o amam e querem ajudá-lo. O homem, de um modo atabalhoado e passional, demonstrando que também precisa de ajuda. Mas a mulher, não. Ela quer ajudá-lo de um modo muito tranquilo.

Quando ela saiu do quarto, suas palavras ficaram ecoando na mente de Cassiano. Mas, alguns minutos depois, ele já não tinha certeza de se Inácia havia realmente falado aquilo ou se tudo não passara de um delírio promovido pela febre.

Nova Chance para a Vida

CAPÍTULO 10

Encontro

*O sono é a porta que Deus lhes abriu até seus amigos do céu; é
o recreio depois do trabalho, enquanto esperam a grande libertação, a
liberação final os deve devolver ao seu verdadeiro meio.*

O Livro dos Espíritos – Questão 402 – Boa Nova Editora

A noite chegou sem que Cassiano percebesse, e isso, de certo modo, até que foi bom, pois os pensamentos negativos não puderam incomodá-lo naquele dia. Mas, de repente, sem ao menos perceber que havia pegado no sono, ele voltou a ser envolvido pelo sonho da noite anterior e ficou apavorado. Naquela noite, o sonho ruim não começou como das vezes anteriores.

Agora ele não estava sob o abrigo de passageiros, junto de seus pais. Estava paralisado no meio da estrada, fazendo o percurso de volta. A bola colorida que havia recuperado tinha escapado de novo dos seus braços, sob a ação da nova ventania, mas ele não pensava mais em ir atrás dela.

Percebeu, angustiado, que o pesadelo estava começando a partir do ponto em que era interrompido nas vezes anteriores. A nuvem de poeira e fumaça já estava totalmente dissipada.

A carroceria do ônibus estava bem visível, ele podia enxergar a logomarca da viação com clareza: o desenho de um enorme pássaro roxo que se mesclava a uma flecha, cuja ponta se tornava rosa sob o efeito de um suave *dégradé*.

Ele tinha consciência de que estava sonhando e tentava desesperadamente acordar, mas não conseguia. Na verdade, sabia que, uma vez iniciado, o pesadelo não podia ser interrompido. No fundo de sua mente, a voz de Inácia ressoava, buscando acalmá-lo:

— *Você precisa encarar tudo isto sem medo, sem*

Nova Chance para a Vida

receios... Não fuja dos fantasmas do seu passado, Cassiano! Não fuja!

O cenário que ele sempre se recusava a ver estava agora exposto à sua frente. A única forma de não encará-lo era mantendo os olhos fechados, mas algo lhe dizia que também seria impossível mantê-los assim por muito tempo. Em meio ao silêncio perturbador do ambiente, ouviu uma suave voz feminina que lhe disse:

— Abra os olhos, Cassiano! Você não deve mais fugir desta realidade.

Ele ficou ainda mais apavorado, pois reconheceu nela a voz de sua mãe. Pensou que ela quisesse puni-lo, mostrando-lhe a coisa horrorosa em que se transformara por sua culpa. Imaginou o corpo da genitora destroçado, ensanguentado, faltando pedaços...

— Há vinte anos você evita me olhar, meu filho! Agora precisará fazê-lo de qualquer jeito, porque o encontro está ainda no começo, e nós temos muito tempo pela frente. Eu não vou sair daqui enquanto você não me olhar. Vamos, abra os olhos! Não adianta mais querer adiar este momento.

Ele não tinha saída. Por mais apavorado que estivesse, percebeu que não iria conseguir chegar ao fim do sonho de olhos fechados e que, se não encarasse sua mãe naquele momento, os pesadelos nunca iriam deixá-lo em paz.

Foi abrindo os olhos lentamente, com o coração ameaçando sair pela garganta, mas o que viu deixou-o perplexo e feliz ao mesmo tempo.

Roberto de Carvalho inspirado pelo Espírito Francisco

Sua mãe não trazia o corpo esfacelado como ele imaginara, nem estava zangada. Ela estava linda! Usava aquele mesmo vestido longo, azul, com as graciosas rendinhas nas mangas e na gola. Sorria para ele com os braços abertos. Seu rosto vibrante, cheio de vida, projetava um halo de luz suave e fascinante.

— Vem me dar um abraço, meu filho!

Ele correu para os braços dela, entregou-se àquele abraço caloroso e começou a chorar. A mãe beijou seu rosto molhado pelas lágrimas, secou seus olhos com os polegares e disse que precisavam conversar. Sentaram-se no banco do abrigo de passageiros, e ela começou a falar com muita ternura:

— Chega de se sentir culpado, Cassiano! Quero que você me prometa que a partir de hoje vai encarar a vida com uma visão mais otimista e positiva. Hoje, você finalmente abriu os olhos e está rompendo a barreira negativa que o manteve preso a este episódio. Sei que as pessoas — mesmo aquelas que o amam — fizeram você acreditar que foi o culpado pelo que aconteceu, e isto impregnou sua alma com um inútil sentimento de culpa. Tornou você uma pessoa triste, pesarosa e insegura.

Segurou as mãos dele com ternura, beijou-as e prosseguiu:

— Mas essas pessoas estão enganadas, e você também se deixou enganar, meu filho. Preste atenção no que vou lhe dizer: você não tem culpa alguma pelo que aconteceu! Existem fatos, situações que precisam acontecer

Nova Chance para a Vida

e que acontecerão independentemente da nossa vontade e da nossa participação. Naquele episódio, nós poderíamos culpar o vento, a bola, o motorista do ônibus ou até o padre, por ter lhe dado o presente. Mas de que adiantaria? Em que isso mudaria os acontecimentos?

Cassiano ouvia tudo com muita atenção, olhando o rosto iluminado de sua mãe. Já não estava chorando, mas alguns soluços espaçados eram inevitáveis.

— Quero que me prometa — continuou ela — que, a partir de agora, você vai erguer a cabeça. Você tem andado com ela muito baixa, meu filho! Quero que acredite em seu potencial, em sua capacidade de vencer, em seus sonhos! Quero que invista verdadeiramente em seus projetos de vida. Você promete?

Os olhos dela estavam tão próximos que quase tocavam os de Cassiano. E ele não a deixou esperando muito tempo pela resposta. Foi com convicção que afirmou:

— Prometo que não vou mais decepcionar você, mamãe!

— É isto, meu filho, que faz a diferença entre os homens que marcham triunfantes para o futuro e os que se encontram acorrentados pelos sentimentos de culpa e pelas frustrações do passado. Os homens existem para criar projetos, os projetos existem para ser realizados, e sua realização pertence ao futuro! É preciso olhar para a frente a fim de visualizá-los. Isto é o mínimo que podemos fazer por nós e por aqueles que nos amam de verdade.

Roberto de Carvalho inspirado pelo Espírito Francisco

Enquanto ouvia aqueles esclarecimentos e se surpreendia, Cassiano se perguntava por que seu pai também não estava ali. O que teria acontecido a ele?

Como se ouvisse os seus questionamentos, a mãe informou:

— Infelizmente, seu pai se deixou influenciar por pensamentos e sentimentos negativos, que o afastaram de mim. Após o acidente que nos vitimou, nós dois ficamos perdidos, revoltados, e levamos muito tempo para entender o que havia acontecido. No entanto, ao perceber que a morte é apenas uma ilusão, já que eu continuava viva e todos os meus sentimentos pulsavam em minha alma, aceitei a ajuda de uma equipe de benfeitores, que cuidaram de mim e esclareceram sobre as questões espirituais que eu, mesmo estando no plano do espírito, ignorava. Depois de longo período, adquiri o equilíbrio necessário para me aproximar de você, sem contaminá-lo com vibrações ruins. Mas seu pai não aceitou a ajuda oferecida e preferiu fugir. Ele se julgava responsável pelo que aconteceu, por ter lhe dado a bola para segurar. Seu pai não conseguiu se perdoar e continua acorrentado às algemas invisíveis do remorso.

Voltando a mirar nos olhos do filho, ela concluiu:

— Enquanto ele não tiver a coragem que você teve hoje, de abrir os olhos e perceber que o tenebroso cenário projetado em sua mente nada tem a ver com a leveza existente no cenário real, seguirá, infelizmente, pelo caminho da escuridão.

Nova Chance para a Vida

Muitas perguntas passaram pela cabeça de Cassiano. Eram tantas, que ele nem conseguia formulá-las. Sua mãe sorriu novamente, e aquele sorriso era um apelo para que ele se acalmasse. O tempo se encarregaria de lhe dar todas as respostas.

— Pelo menos agora, que você já foi conscientizado, eu vou poder concentrar a minha atenção em seu pai — disse ela. — Será mais fácil resgatá-lo quando ele souber o que aconteceu hoje. Quando seu pai tiver a certeza de que está tudo bem, vai perceber que nem tudo está perdido e, certamente, vai querer se curar também.

Ela o encarou com um olhar terno que sugeria despedida.

— Pode voltar agora, Cassiano! E não se esqueça de que o meu amor por você será sempre uma luz a iluminar os seus passos. E o seu amor por mim alimentará a certeza de que não existem separações definitivas; de que, na natureza, tudo converge para a felicidade e que, mesmo parecendo fugidia às vezes, ela sempre oferece uma nova chance para a vida, meu filho!

Foi com tristeza, mas, principalmente, com grande alívio que Cassiano voltou a abraçá-la. Antes de se distanciar, ela o chamou. Ele se voltou e a viu segurando a bola colorida.

— Como você pode ver, Cassiano, sua bola também não está perdida. Na verdade, nada no universo está perdido, porque as coisas, uma vez criadas, nunca mais deixam de existir. Elas apenas se transformam.

Ela abriu as mãos e a bola começou a subir, elevando-se lentamente até se misturar às nuvens que começavam a se tingir de dourado pelos raios solares da alvorada que se anunciava.

— Todas as coisas verdadeiramente importantes ficam guardadas em nossa alma, onde as reencontraremos em algum momento da vida. Mas essas coisas não se encontram no plano material; elas ocupam um espaço muito mais sagrado dentro de nós, onde são eternizadas e nos preenchem — completou a mãe, enquanto sua imagem se dissipava lentamente diante dos olhos de Cassiano.

Ele sentiu o coração aquecido e confortado enquanto atravessava a estrada, fazendo o caminho de volta. De repente, começou a rir de uma forma que nunca havia rido antes. Estava se sentindo leve, livre, feliz...

Começou a correr pelo acostamento da rodovia, sentindo o frescor do vento a lamber-lhe o rostinho infantil e a alvoroçar-lhe os cabelos. Uma sensação de paz o envolveu inteiramente.

Enquanto corria em direção ao sol que despontava radiante entre as montanhas, sentiu-se crescer, amadurecer, transmudar-se de garotinho assustado em homem vigoroso. Os medos e as inseguranças foram se dissipando, dando lugar à coragem e à determinação.

E foi em meio a essa fantástica corrida que acordou no quartinho da pensão. O sol começava a lançar feixes de

Nova Chance para a Vida

luz no ambiente, e a cortina bailava sob a ação de uma brisa suave e refrescante.

Havia um clima de festa no ar, e Cassiano só não conseguia distinguir se ela ocorria externamente ou em seu interior. De qualquer modo, não havia dúvida de que o amanhecer daquele novo dia estava impregnado de coisas positivas.

CAPÍTULO 11

Ânimo

Caminhai! homens de coragem; atirai para longe de vós, de uma vez por todas, preconceitos e ideias preconcebidas; entrai na nova estrada que se abre diante de vós; marchai! marchai! tendes guias, segui-os: o objetivo não vos pode faltar, porque esse objetivo é o próprio Deus.

O Livro dos Espíritos – Questão 495 – Boa Nova Editora

Cassiano estava descendo para tomar café quando encontrou dona Genésia subindo as escadas com o termômetro na mão. Ela ficou surpresa quando o viu e, arregalando exageradamente os olhos, como se estivesse diante de um fantasma, perguntou:

— Para onde você está indo, rapaz? Eu ia medir a sua temperatura...

Ele apoiou a mão no ombro da senhoria e disse sorridente:

— Estou ótimo, dona Genésia! Sem febre, sem dores e cheio de fome.

Ela o olhou muito séria.

— Tem certeza? Ontem mesmo você estava tão mal...

— Certeza absoluta! — afirmou o rapaz, cantarolando. — Agradeço muito pelo que a senhora e a Inácia fizeram por mim, mas já estou curado.

— Bom... Você é quem sabe.

— Vou tomar café e sair atrás de emprego, dona Genésia. Sinto que hoje é o meu dia de sorte e que vou voltar com boas notícias!

— Que Deus o ajude! Nunca vi uma pessoa reagir tão positivamente depois de um dia inteiro de febre — disse ela, balançando a cabeça.

Cassiano sentou-se à mesa do café e, quando a empregada se aproximou com o bule para servi-lo, ele segurou a mão dela.

— Bom dia, Inácia! O que foi que você me disse ontem a respeito de fantasmas do passado?

Nova Chance para a Vida

Ela arriou o bule na mesa, colocou as duas mãos na cintura, estirou seus grossos lábios de mulata em direção a ele e respondeu com outra pergunta:

— Mas isto já não está resolvido, Cassiano? Não aconteceu uma coisa boa com você na noite passada?

— Bom... Eu não sei...

Ela aproximou a boca do ouvido dele e, com as mãos em concha, segredou:

— Pois pare de ficar duvidando e siga o comando do seu coração, meu filho! Alguém, que você sabe quem é, está muito feliz e espera que você cumpra a promessa que fez a ela. — Piscou o olho, encheu-lhe a xícara de café e saiu apressada, sempre cheia de afazeres.

— Sua bruxinha! — sussurrou Cassiano, rindo à passagem dela, que respondeu mostrando-lhe a língua, numa atitude também brincalhona.

Cassiano não tinha ideia do que estava acontecendo, mas as palavras de Inácia o deixaram emocionado. Ele queria muito acreditar na veracidade do seu encontro com a mãe, pois, no fundo, sabia que aquela experiência o ajudara a acordar se sentindo muito bem. Mas onde buscar subsídios que comprovassem a teoria? As afirmações de Inácia não comprovavam coisa alguma.

Apesar de sua incredulidade, aquela sexta-feira foi

realmente um dia marcante na vida de Cassiano. Quando saiu às ruas, era como se tivesse uma visão diferenciada de tudo o que olhava. Pela primeira vez, conseguia ver beleza naquela paisagem tão genuinamente urbana.

Reparou que havia uma quantidade considerável de árvores no bairro, que muitas delas estavam floridas e que um batalhão de passarinhos cantava entre seus ramos. Estava surpreso em ver como a mesma paisagem podia se apresentar de modo tão diferente, de acordo com o estado de espírito com que a contemplávamos.

Ele se sentia renovado, leve, como se um peso imenso houvesse sido retirado de seus ombros. Sentia-se disposto, alegre e otimista. A voz suave da mãe continuava repercutindo em sua mente: *Prometa que, a partir de agora, você vai erguer a cabeça.*

E a resposta que dera à genitora também ficava se repetindo em seu pensamento: *Prometo que não vou mais decepcionar você, mãe!*

E, por mais que tentasse, não conseguia deixar de pensar em todos os detalhes do sonho: todas as palavras ditas pela mãe, o abraço caloroso, o sorriso franco... Tudo isso ficava se repetindo em sua mente.

Cassiano estava passando em frente à padaria, onde costumava fazer pequenas refeições, quando viu um anúncio afixado numa das paredes laterais, dizendo que estavam contratando atendentes.

Perguntou-se por que não havia pensado naquilo antes. Por que insistira sempre em trabalhar como frentista,

Nova Chance para a Vida

quando havia tantas outras possibilidades de emprego em outras áreas?

Entrou no estabelecimento tão confiante, que o gerente da padaria, que já o conhecia como cliente, não teve a menor dúvida de que havia encontrado o candidato certo para preencher a vaga.

Cassiano explicou que nunca havia trabalhado no ramo, mas que possuía experiência em atendimento ao público e boa vontade para aprender tudo o que fosse necessário.

— Caso o senhor me dê uma oportunidade, vou agarrá-la com unhas e dentes, e prometo não decepcioná-lo – disse confiante, mirando nos olhos do gerente.

Acertaram os detalhes. O salário não era tão ruim e ainda era comum receber gorjetas. Além disso, os funcionários tinham o direito de fazer suas refeições no trabalho. Ou seja, o pagamento daria para honrar os compromissos com a pensão e ainda sobraria algum dinheiro para despesas extras.

Quando deu a boa notícia a dona Genésia, ela comemorou dando-lhe um abraço tão forte que o surpreendeu. No fundo, estava aliviada, pois não se sentia muito à vontade para despejá-lo, embora não pudesse também se dar ao luxo de manter em sua pensão um inquilino inadimplente.

Ouvindo o comentário de Cassiano, Inácia, que estava agachada limpando o piso da recepção, ergueu os olhos, sorriu discretamente e piscou para ele, demonstrando satisfação.

Roberto de Carvalho inspirado pelo Espírito Francisco

Cassiano começou a trabalhar na semana seguinte. Enfrentou vários desafios para aprender as tarefas, mas em nenhum momento demonstrou desânimo ou má vontade. Diariamente, elevava o pensamento e renovava a promessa feita à mãe. Mesmo sem saber a razão, sentia que isto o fortalecia.

Três meses depois, ele era um dos atendentes mais capacitados da padaria e se relacionava perfeitamente bem com os clientes, a chefia e os colegas de trabalho.

Quando completou seis meses de emprego, o gerente o chamou para uma conversa reservada:

— Cassiano, nós estamos muito satisfeitos com a sua dedicação e eu quero lhe fazer uma proposta.

— Pois não!

— O Elias, do caixa, vai sair de férias daqui a um mês e, ao que tudo indica, não vai voltar mais. Ele tem reclamado muito do trabalho e parece até que já tem outro emprego em vista. Eu falei com o patrão e sugeri o seu nome para ficar no lugar dele. Você topa?

Cassiano abriu um sorriso imenso. Aquilo era praticamente uma promoção, pois, além de o salário ser melhor, ele não precisaria mais fazer o revezamento semanal de turno, trabalhando uma semana durante o dia e outra no período da noite, prática comum na função de atendente de balcão. Como operador de caixa, ele trabalharia apenas no horário diurno, já que, durante a noite, era o próprio gerente que desempenhava esta função.

Receber uma proposta daquelas com apenas seis meses de emprego era inacreditável.

— Sim, é claro que eu topo... — respondeu com os olhos muito abertos.

— Naturalmente, você tem curso de informática...

— Informática?

— Sim. Você é um rapaz inteligente, estudado... Deve ter feito um curso de informática. Nosso sistema de caixa é informatizado e todas as filiais são interligadas à matriz. Se você não tiver noção de informática, vou ter de reconsiderar a indicação e pensar em outra pessoa.

A resposta do rapaz foi dada por impulso, quase involuntariamente:

— Sim! É claro que eu tenho curso de informática. Não sei muito, mas, com certeza, o suficiente para operar o caixa. O que faltar, eu aprendo rápido.

O gerente apertou a mão dele.

— Ótimo! Assim é que eu gosto: determinação e boa vontade. Em duas semanas começamos o seu treinamento.

Cassiano sentiu a consciência um pouco pesada por ter mentido, mas pensou que era por uma boa causa, e agora lhe cabia a tarefa de transformar a mentira em verdade.

Ele já havia percebido que uma das grandes vantagens de se viver numa megalópole como São Paulo era o fato de que, mesmo morando em um bairro periférico, podia

Roberto de Carvalho inspirado pelo Espírito Francisco

se encontrar praticamente de tudo nas imediações onde se vivia. Numa das ruas daquele bairro havia uma escola de informática e, naquele mesmo dia, após sair do trabalho, foi correndo se matricular.

Atendido na recepção por uma senhora muito simpática, Cassiano recebeu um prospecto sobre os cursos oferecidos e seus respectivos valores. Examinou todas as propostas e fez um muxoxo de desânimo.

— Eu acho que aqui não tem nada do que eu preciso — explicou, causando certa curiosidade à atendente.

— Como assim? Temos praticamente de tudo em nossos cursos.

— Senhora, eu nunca cheguei nem perto de um computador e, se não aprender a lidar com ele em duas semanas, vou perder a oportunidade de receber uma promoção no meu emprego.

A mulher ficou olhando para ele, entre sorridente e pensativa.

— É verdade. Trata-se de um curso básico intensivo, e isto não consta em nossos programas.

— Mas dá para conseguir?

— Deixe-me ver — respondeu, enquanto apertava uma campainha sob o balcão.

Logo uma porta lateral se abriu e uma moça muito bonita dirigiu-se à recepção.

— A senhora chamou, dona Irene?

— Chamei sim, Lívia. Este moço aqui, o senhor

Nova Chance para a Vida

Cassiano, está precisando de um curso básico intensivo. Você acha que podemos ajudá-lo?

A jovem sorriu e estendeu a mão para cumprimentá-lo.

— Muito prazer, Cassiano! É lógico que podemos ajudá-lo. De quanto tempo você dispõe para aprender?

— Duas semanas.

— Puxa... É intensivo mesmo, hein! Mas é tempo suficiente, sim. Só que vai depender de três coisas.

— Quais?

— Boa vontade, disciplina e disponibilidade de pelo menos duas horas diárias.

— Isto não é problema.

Então Lívia se voltou para a recepcionista e falou, enquanto se afastava em direção à porta lateral, que dava acesso a uma das salas de aula:

— Pode fazer a matrícula dele, dona Irene. Vou preparar o material de estudo e ele deve começar amanhã, sem falta.

Antes de fechar a porta, lançou um sorriso na direção do rapaz e acenou com os dedos.

— Tchau, Cassiano! Não vá faltar, hein!

Ele retribuiu o sorriso, meio hipnotizado. Além de simpática e competente, a instrutora de informática era linda.

CAPÍTULO 12

Amizade

Dois seres que se conheceram e se amaram podem se encontrar em uma outra existência corporal e se reconhecerem?

– Reconhecer-se, não; mas, ser atraído um para o outro, sim. Frequentemente, essas ligações íntimas fundadas sobre uma afeição sincera não têm outra causa. Dois seres se aproximam, um do outro, por circunstâncias aparentemente fortuitas, mas que são o fato da atração de dois Espíritos que se procuram na multidão.

O Livro dos Espíritos – Questão 386 – Boa Nova Editora

O curso de informática inseriu duas coisas importantes na vida de Cassiano: os conhecimentos de que precisava para assumir o novo cargo no trabalho e a presença de Lívia, que se tornou a primeira amizade verdadeiramente cativante que ele encontrou em São Paulo. Ela era um pouco mais nova que ele, pertencia a uma família modesta de migrantes provenientes do Paraná e morava naquela mesma região, num dos muitos bairros que compõem a zona norte da capital paulista.

Morena clara, de olhos negros, simpática, extrovertida, mas também carente de uma amizade sincera, Lívia se afeiçoou ao seu jeito ingênuo e meio atrapalhado de ser.

Tornaram-se amigos durante as aulas, passaram a sair juntos nos fins de semana e descobriram muitos pontos em comum em suas vidas. Seu programa favorito era ir ao cinema às sextas-feiras e, à saída, comer hambúrgueres numa disputada e barulhenta lanchonete do shopping.

Aos domingos, quando o tempo estava bom e Cassiano conseguia uma folga no trabalho, costumavam passear pelos parques da cidade. Conversavam muito durante esses passeios. Um dia, o rapaz contou a ela sobre a sua vontade de fazer faculdade de Administração.

— E o que o impede? — perguntou-lhe a moça.

— Bom... Não é assim tão fácil. O salário que ganho não me permite pagar uma faculdade.

— Mas quem falou em pagar? Cassiano, eu estou cursando Comunicação Social numa das melhores faculdades do país. Você acha que eu pago mensalidades? Conquistei uma bolsa. Prestei vestibular, fui aprovada... e pronto!

— Eu já pensei nisso, mas sempre achei que é muito difícil.

— E é mesmo! Para quem não se dedica, é muito difícil. Mas quem se prepara para as provas tem grandes chances de conseguir. Afinal, as vagas estão lá e alguém terá de ocupá-las. Quem se prepara melhor fica com elas.

— Caramba, Lívia, desse jeito você me deixa bem animado.

— Cassiano, eu admiro muito o jeito determinado com que você encarou o desafio de deixar o interior e vir sozinho para a capital, além do seu empenho em aprender informática para conseguir uma promoção no emprego... Se você quiser, eu o ajudo a se preparar para as provas. Fiz isso há pouco tempo e, além do material de estudo que tenho em casa, muita coisa ainda está bem fresquinha na minha cabeça. Você topa?

A boa vontade de Lívia o estimulou e o deixou emocionado. Cassiano respondeu positivamente com um aceno de cabeça e os olhos brilhando de alegria. Seu velho sonho voltava a dar sinais de vida.

A primeira vez que foi estudar na casa de Lívia, ela o apresentou a seus pais e às duas irmãs caçulas com quem vivia. A família era grande, mas seus irmãos mais velhos eram casados e a maioria vivia no Paraná, estado de onde se originavam.

Os familiares de Lívia eram simples e muito educados. Seu Jorge havia acabado de se aposentar, depois de quase cinquenta anos de trabalho como caminhoneiro. Dona Cotinha, uma mulher dinâmica e inteligente, fazia artesanatos de couro para vender na feira. As gêmeas, Léa e Lia, filhas temporãs do casal paranaense, eram pouco mais que adolescentes e ajudavam a mãe a confeccionar e a vender os artesanatos.

Todos falavam com educação e num tom de voz moderado no ambiente doméstico. Eram visivelmente muito religiosos e mantinham um enorme quadro com a face de Jesus na parede frontal da sala.

Entre a moldura simples e discreta, os olhos iluminados do Nazareno pareciam espalhar luz por toda a casa e inebriavam de paz quem os contemplasse um pouco mais demoradamente. A residência, apesar de desprovida de luxo e ostentação, era bastante acolhedora e muito bem organizada.

Depois de conhecer os integrantes da família e trocar algumas palavras amistosas com o pai de Lívia, Cassiano foi chamado para estudar numa antessala onde havia uma ótima iluminação natural.

No meio dos estudos, a sala foi invadida por uma menina de uns três anos de idade, que usava o uniforme de uma creche. A garotinha, que estava de mãos dadas com a avó, largou-a assim que entrou e correu para abraçar e dar vários beijos no rosto de Lívia.

Nova Chance para a Vida

— Camila, cumprimente o Cassiano! — disse ela à menina.

A pequena olhou-o curiosa, com os olhinhos arregalados.

— Olá, Cassiano! Você está namorando a minha mãe?

A pergunta o deixou desconcertado. Ele lançou para Lívia um olhar de interrogação, e ela explicou:

— Desculpe, Cassiano! Acho que ainda não tinha falado sobre a minha filha.

Olhou para a menina e disse:

— Não, Camila, o Cassiano é apenas um amigo da mamãe. Está bem?

Ele sorriu para a pequena peralta.

— Muito prazer, Camila! Você é uma menina muito bonita!

— Muito obrigada! — respondeu ela, fazendo uma graciosa mesura.

Lívia afastou a filha e disse, depois de beijá-la várias vezes na bochecha:

— Agora vai lá com a vovó fazer um lanche. Deixe a mamãe e o Cassiano estudar.

Camila saiu lançando um olhar desconfiado para os dois. Cassiano olhou para Lívia com certo constrangimento.

— Espero que a minha presença aqui não lhe crie nenhum problema...

Ela o encarou com uma expressão curiosa:

— Problema?

Roberto de Carvalho inspirado pelo Espírito Francisco

— Sim. Você tem uma filha... Talvez o pai dela...

Lívia começou a rir.

— Deixe de bobagem, Cassiano! Se eu o convidei para vir aqui é porque não há nenhum problema, está bem?

— Mas…

— Esquece isso! Podemos voltar aos estudos? — perguntou seriamente, colocando um ponto-final no assunto, deixando claro que a preocupação do rapaz era infundada.

Depois, percebendo que ele continuava sem graça, colocou a mão em seu ombro e falou com delicadeza:

— Desculpe, Cassiano! Eu não pretendia constrangê-lo. Não se preocupe, pois eu não tenho marido. Aliás, nem noivo, nem namorado. Então, pode ficar tranquilo, pois a sua presença aqui não vai me criar nenhum tipo de problema, está bem?

Ele sorriu aliviado. Algo estranho se passou em seu coração naquele momento, e o rapaz não soube definir bem o que era. Mas gostou de saber que Lívia era descomprometida.

Seus olhares se encontraram por alguns segundos e ele teve a sensação de estar recebendo uma carícia suave em sua alma naquele breve momento. Algo que nunca experimentara antes. Lívia certamente percebeu o que se passava, mas fingiu não notar. Desviou o olhar, segurou o pulso dele e o intimou:

— Vamos estudar?

Nova Chance para a Vida

A companhia de Lívia deu novo impulso à vida de Cassiano. Agora, além da nova função em seu emprego, que lhe permitia ter um pouco mais de folga, o incentivo e o auxílio dela o colocaram de volta no caminho traçado rumo aos seus projetos.

Dedicando-se inteiramente aos estudos, foi bem-sucedido nas provas do vestibular e conseguiu uma bolsa integral para cursar a faculdade.

A essa altura, suas atividades começavam a se expandir na cidade de São Paulo, e os deslocamentos diários se tornaram uma rotina em sua vida. Além dos estudos realizados na região central do município, ele havia deixado a pensão de dona Genésia e alugado um quarto numa espécie de república que havia próximo à casa de Lívia.

Ao se despedir da dona da pensão, tivera de prometer que não a esqueceria e que, de vez em quando, iria visitá-la. Quanto a Inácia, abraçando-o demoradamente na despedida, ela disse:

— Vá com Deus, meu filho! Você está no caminho certo. Mas, sempre que puder, apareça para dar notícias, está bem? Ah, e vê se cria juízo e trata de cuidar das questões espirituais. Os recursos materiais são importantes e, se forem conquistados honestamente, têm a bênção de Deus. Mas não podemos nos esquecer de cuidar também das coisas da alma, viu?

Cassiano a beijou ternamente no rosto e sentiu o coração apertado ao se afastar. Ele não sabia que estava tão apegado àquela mulata bondosa e enigmática.

Mais uma vez, as palavras de Inácia ficaram ecoando em sua mente. As "coisas da alma" a que ela se referia deveriam estar relacionadas a uma sensação de vazio que às vezes o acometia; o sentimento de que algo importante estava faltando em sua vida.

Com a mudança para o novo endereço, além de conseguir economizar um dinheirinho, já que o aluguel do quarto era bem mais barato que a mensalidade da pensão, o rapaz passou a ficar mais próximo de Lívia, e os seus encontros se tornaram frequentes.

Com o tempo, aconselhado pela amiga, Cassiano comprou um computador e começou a desenvolver nele os aprendizados da faculdade, além de fazer muitas pesquisas e alguns cursos pela internet referentes à profissão que pretendia abraçar.

CAPÍTULO 13

Indulgência

Sede indulgentes para com as faltas de outrem, quaisquer que sejam; não julgueis com severidade senão as vossas próprias ações, e o Senhor usará de indulgência para convosco, como dela usastes para com os outros.

O Evangelho segundo o Espiritismo – Capítulo 10 – Item 17 – Boa Nova Editora

Unidos por uma forte e recíproca atração, Cassiano e Lívia estavam sempre juntos, e as pessoas mais próximas, inclusive os familiares da moça, até já os viam como namorados. No entanto, o relacionamento ficava apenas no campo da amizade. Um dia, à saída do cinema, enquanto seguiam para casa, ela contou sobre o seu passado.

Lívia tinha dezessete anos quando conheceu Evandro — seu primeiro namorado —, apaixonando-se perdidamente pelo rapaz. Evandro, que era procedente de uma família muito rica, tinha à época 23 anos, sendo um jovem de porte atlético, pele bronzeada, sorriso cativante e com uma educação refinadíssima.

Quando decidiram namorar, embora Lívia fosse também uma jovem cheia de qualidades, muita gente acreditou que a relação não daria em nada. Evandro era, conforme se costumava dizer nas rodinhas populares do bairro humilde onde ela vivia, "areia demais para o caminhãozinho dela".

O rapaz, no entanto, não só se mostrou tremendamente dedicado ao namoro, como a pediu em casamento quatro meses depois de terem se conhecido. Seu Jorge e dona Cotinha tentaram conter os impulsos dos jovens, dizendo para esperarem um pouco, para se conhecerem melhor... Mas não obtiveram êxito. Parecia haver uma grande urgência em alcançar a felicidade da união matrimonial, e nada conseguiu demover o jovem casal de realizar o seu sonho com tanta brevidade.

Alguns meses depois, os dois viajavam em lua de mel

Nova Chance para a Vida

para Paris. A viagem fora um presente oferecido pelo pai do noivo — um industrial muito rico —, que não cabia em si de contentamento diante da iniciativa do filho.

Quando retornaram ao Brasil, um mês depois do casamento, Lívia estava grávida de Camila. O casal foi morar num luxuoso apartamento, num dos bairros mais nobres da capital paulista.

Nessa ocasião, Evandro, que trabalhava na empresa do pai, passou a ter um comportamento que deixou Lívia preocupada. Apesar de recém-casado, dificilmente chegava em casa antes das duas horas da madrugada, e quase sempre embriagado.

Um dia, ela o interpelou num desses retornos madrugadores.

— Preciso saber o que você faz na rua praticamente todas as noites e por que anda bebendo tanto — inquiriu-o.

A reação de Evandro foi surpreendentemente dramática. Ele teve uma crise de choro, disse que estava arrependido de suas atitudes e, de joelhos, abraçado à barriga saliente da esposa, que estava próxima de ganhar a criança, pediu perdão e prometeu que ia mudar o seu comportamento.

No entanto, logo após o nascimento de Camila, Evandro voltou ao seu habitual ritmo de vida. Retomou as fugas notívagas e o consumo de alcoólicos, numa clara atitude de insatisfação e revolta.

Numa segunda conversa franca com o marido sobre o seu inadequado comportamento de pai de família, Lívia foi surpreendida ainda mais, pois, além de repetir a crise de

Roberto de Carvalho inspirado pelo Espírito Francisco

choro, desta vez Evandro confessou que era homossexual, que tinha um namorado fixo desde a adolescência e que seu casamento havia sido uma exigência do pai, que nunca aceitara tal opção.

Lívia não era tão ingênua e, na verdade, já andava considerando essa possibilidade. Certas atitudes do marido meio que o denunciavam, por exemplo, o fato de nunca mais tê-la procurado intimamente depois da viagem de lua de mel.

Mas, de qualquer modo, a confissão a deixou muito chocada.

— Poxa, Evandro, você me usou para limpar a barra com o seu pai?

— Não, Lívia! Casei com você porque acreditei que pudesse mudar a minha natureza. Quando a conheci, eu havia rompido com o Felipe. Estava decepcionado com ele por causa de uma suposta traição, que, na verdade, nunca aconteceu. Mas aproveitei o mau momento para tentar colocar a minha vida nos eixos, ou pelo menos nos eixos segundo aquilo que o meu pai considerava correto. Ao conhecer você, com a sua beleza tão natural, a sua honestidade e a bondade do seu coração tão visivelmente estampada em seus olhos, concluí que, se houvesse a possibilidade de me interessar por uma mulher, você era a pessoa mais indicada.

Evandro falava aos tropeços, misturando as palavras a profundos soluços.

— Durante a nossa lua de mel, lutei muito pra tirar o Felipe da minha cabeça e do meu coração. Foi a primeira

Nova Chance para a Vida

vez que me relacionei com uma garota e confesso que não precisei fazer nenhum esforço para me sentir bem ao seu lado. Mas, quando nós voltamos de viagem, eu soube que o Felipe havia tentado suicídio por causa da separação. A possibilidade de perdê-lo para a morte me encheu de medo e me mostrou claramente a besteira que eu havia feito.

Então Evandro completou a narrativa explicando que decidira enfrentar o pai e assumir definitivamente a condição de homossexual. Os dois tiveram uma discussão muito acirrada, e o industrial exigira que o filho, pelo menos, mantivesse uma relação aparente de homem casado, heterossexual e responsável pai de família.

— Este tem sido o meu dilema — disse ele. — Mais uma vez tentei satisfazer a vontade do meu pai, mas não tem funcionado, porque a minha atitude está provocando o sofrimento de todos nós. Tenho tentado me dividir em dois para suprir as necessidades do lar que assumi e, ao mesmo tempo, retribuir o amor sincero que o Felipe me devota, mas sofro ao perceber que tenho falhado com você, com a Camila e com ele. Eu não sei mais o que fazer... Não queria magoá-la... Preciso que você me perdoe! — encerrou, chorando sentidamente.

Lívia precisou se munir de muita calma para encarar aquela situação. Após ponderar bastante, decidiu aconselhar o marido a assumir a sua opção sexual, mesmo que isso representasse um rompimento definitivo com o pai.

— Se ele não o aceita como é e não se preocupa com sua felicidade, é porque não o ama suficientemente, Evandro.

Roberto de Carvalho inspirado pelo Espírito Francisco

Amor pela metade não existe. Vá viver a sua vida. Se o seu pai o ama de verdade, perceberá que agiu errado e um dia o procurará para uma reconciliação. Quanto a mim, eu o amo o suficiente para compreender, perdoar e aconselhar que você siga o seu caminho em paz.

Evandro decidiu seguir o conselho de Lívia e quis recompensá-la de todas as formas, pois se sentia mal com tudo aquilo. Mas ela não aceitou nada, a não ser, obviamente, a pensão alimentícia a que Camila tinha direito.

Ele deixou o trabalho na indústria do pai, uniu-se definitivamente a Felipe e os dois se mudaram para o litoral nordestino, onde fundaram uma agência turística. Com dedicação e perseverança, estavam alcançando relativo sucesso no empreendimento.

Lívia voltou para a casa dos pais, que representava para ela uma verdadeira fortaleza afetiva. Retomou sua rotina, arranjou emprego na escola de informática e voltou aos estudos, interrompidos por conta do casamento e da gravidez. A pequena Camila foi o ponto positivo que resultou da conturbada experiência e se tornou o grande chamego da família da moça.

CAPÍTULO 14

Desabafo

A incompatibilidade que se acreditava ver entre essas duas ordens de ideias, prende-se a um defeito de observação e a muito de exclusivismo, de uma parte e da outra; daí um conflito de onde nasceram a incredulidade e a intolerância.

O Evangelho segundo o Espiritismo – Capítulo 1, item 8 – Boa Nova Editora

A convivência com Camila, que às vezes os acompanhava aos passeios, ao mesmo tempo que alegrava Cassiano, causava-lhe certo desconforto. É que as suas pequenas travessuras, as ingênuas gargalhadas e até mesmo as birras que fazia, de vez em quando, lembravam-lhe Eduzinho e inseriam uma profunda nostalgia em seu coração.

Este sentimento vinha sempre acompanhado de uma inevitável sensação de mal-estar, uma espécie de autorrepreensão por estar tão distante do filho.

Numa das vezes em que estavam num parque, sentados no gramado à sombra de uma árvore, Lívia percebeu a tristeza do amigo e perguntou:

— Cassiano, por que você fica tão pensativo às vezes?

Naquele momento, ele percebeu que falava sempre muito pouco a respeito do seu passado. Ele e Lívia conversavam praticamente sobre tudo, mas ela conhecia apenas por alto a história dele, já que os detalhes ainda lhe causavam um grande incômodo ao serem esmiuçados.

— Vejo muita tristeza em seus olhos em alguns momentos — prosseguiu ela, segurando as mãos dele. — Gostaria tanto de poder ajudá-lo!

A segurança com que Lívia se dirigiu ao rapaz o encorajou a narrar toda a sua história. Cassiano falou do trauma de infância, de ter sido acusado pelos familiares de ser o causador do acidente que provocara a morte de seus pais.

— Sempre me senti mal ao ver o modo como os meus parentes me olhavam. Parecia que a minha presença representava sempre maus presságios para eles. Embora

Nova Chance para a Vida

nunca tenham me acusado abertamente, eu sabia que todos me condenavam pelo acidente. Afinal, se eu não tivesse corrido atrás daquela bola, meus pais não teriam ido atrás de mim e não teriam sido atropelados pelo ônibus.

— Que absurdo, Cassiano! Você tinha apenas quatro anos. Como poderia ser responsabilizado por uma fatalidade dessas?

Ele suspirou fundo e prosseguiu a narrativa. Contou sobre o casamento desastroso que tivera, a relação inamistosa com o sogro, a decepção que causara ao filho quando agredira Rebeca, ainda que não intencionalmente, na frente do menino... E terminou contando de sua fuga para São Paulo, após a briga com a esposa e as sérias ameaças feitas por Januário.

— Meu casamento com Rebeca foi outro desastre em minha vida. Aliás, o desastre começou na madrugada em que nós dois, bêbados e irresponsáveis, decidimos viver aquela aventura dentro do carro abandonado, sem a menor prevenção contra o que poderia ocorrer. Não medimos as consequências, não pensamos no risco que corríamos... apenas deixamos acontecer. Agimos instintivamente, como dois animais irracionais...

Lívia ouviu pacientemente todo o seu desabafo, não o interrompendo nem durante os longos intervalos que ele fazia para tomar fôlego ou buscar uma lembrança mais fugidia.

Quando terminou a narrativa, Cassiano estava com os olhos marejados e o peito intumescido por um sentimento

Roberto de Carvalho inspirado pelo Espírito Francisco

que ele não conseguia definir se era de angústia ou de alívio pelo desabafo.

Lívia o acolheu num abraço forte e só depois de um longo silêncio tomou a iniciativa de dizer alguma coisa. Suas palavras soaram harmoniosamente, com a leveza e o frescor de uma brisa:

— Cassiano, os grandes pensadores de todos os tempos sempre disseram que, de todos os sentimentos que pulsam em nós, o que tem maior relevância é o amor. O amor suplanta todos os sentimentos negativos e sintetiza tudo o que é bom, belo e sublime na natureza humana. O amor supera as paixões, o egoísmo, o orgulho... e abriga o desejo de querer sempre o melhor para o nosso próximo, mesmo que isso não represente o melhor para nós. Se pautarmos sempre as nossas atitudes pelo amor, erraremos bem menos.

— Mas, se é assim, por que, então, há tanto malquerer no mundo? Tanta maldade no coração das pessoas? Tanto egoísmo? Tanto ciúme? Tanto prazer em ferir, magoar, derrotar, espezinhar?

— Porque as pessoas que habitam este mundo são imperfeitas; porque estão confusas quanto ao que sentem e desejam. Na verdade, não há prazer algum em provocar ou assistir à dor alheia. O que há é uma grande ilusão, fazendo parecer que o sofrimento de um ameniza o sofrimento do outro. Mas é um grande engano! No fundo, todos sofrem: vítimas e algozes, vencedores e vencidos, fortes e fracos... No final das contas, todos aqueles que não se guiam pelo caminho do amor verdadeiro acabam derrotados. Pois, até onde se sabe, o amor é a mais sublime virtude que pode ser conquistada pelo coração humano e é fonte de paz, harmonia e libertação.

E, olhando-o nos olhos, como se pretendesse fixar de uma vez por todas em sua alma o que dizia, finalizou convicta:

— Ao contrário do que muita gente pensa e pratica, a natureza do amor nada tem a ver com paixão, dominação, possessão, convivência firmada em cartório ou sacramentada por líderes religiosos. Tudo isto é criação do homem e possui a mesma imperfeição e transitoriedade de quem o criou. A natureza do amor é toda espiritual e é perfeita; é leve, suave, e não exige nada para se manifestar. Mas é uma semente que só vinga em campo fértil, devidamente preparado para recebê-la. Enquanto não ocorre esse preparo, a semente da paixão, alimentada por orgulho, egoísmo e vaidade, cresce e sufoca o broto do amor verdadeiro que ali está, esperando o momento propício para eclodir, crescer e fortalecer-se.

Cassiano ficou pensando em como Lívia, sendo tão jovem, conseguia ter uma visão dilatada sobre assuntos tão profundos. Mas, considerando o ambiente em que fora criada, o clima positivo e harmônico que reinava entre seus familiares, ficava mais fácil entendê-la.

Sua própria história era pautada por um tipo de amor nobre, edificante. Lívia não exigira de Evandro o que ele não tinha para dar; não o cobrara, não o admoestara, não o humilhara como muita gente em seu lugar teria feito.

Roberto de Carvalho inspirado pelo Espírito Francisco

As palavras dela não eram um discurso jogado ao vento apenas com o objetivo de consolar o amigo. Seu pensamento a respeito da natureza do amor era uma prática diária em sua vida e isto pôde ser percebido a partir do momento em que Cassiano a conhecera. Na boa vontade com que ela havia criado uma fórmula para lhe ensinar informática em pouco tempo e no modo como se empenhara em ajudá-lo a entrar para a faculdade. Tudo isto sem ter pedido nada em troca.

Mas esse comportamento não ocorria somente em relação a ele. Lívia tinha sempre um sorriso sincero a oferecer. Conhecia pelo nome todas as pessoas do seu convívio diário: o jornaleiro, o carteiro, o farmacêutico, o porteiro, o guardador de carros, os pedintes que viviam embaixo do viaduto, a florista, o pipoqueiro do parque... a todos tratava com respeito e sincera cordialidade.

A partir do momento em que passara a conviver com ela, uma mudança para melhor tinha começado a se operar também no rapaz, mas ele mesmo não se dava conta disso. Havia passado se espelhar em Lívia e a repetir as suas boas ações — inicialmente, quando estava junto dela; depois, mesmo em sua ausência pegava-se praticando certas gentilezas assimiladas naquela prazerosa convivência.

Foi pensando em tudo o que ouviu da amiga e considerando, principalmente, o seu comportamento diário, que Cassiano tomou a iniciativa de se aprofundar naquele assunto.

— Por que você disse que as pessoas que habitam este mundo estão confusas? — perguntou.

— Porque ainda não somos evoluídos o bastante...

— Não, isso eu entendi — ele a interrompeu. — A pergunta que faço é: por que você disse "este" mundo? Quer dizer que você acredita que exista outros mundos habitados?

Lívia sorriu meio sem graça.

— Ah, Cassiano! Tem certeza de que quer entrar neste assunto?

Ele respondeu com um aceno positivo de cabeça e ficou esperando que ela prosseguisse.

— Então está bem. Dê uma olhada para cima. Veja o tamanho do céu que está sobre a sua cabeça, e não se esqueça de que o que a sua vista alcança é apenas uma diminuta partícula de tudo o que existe por aí. Você consegue acreditar que Deus criou tudo isso para que apenas um planetinha do tamanho do nosso, perdido em meio a essa imensidão, abrigasse vida inteligente?

— Bom... Pelo menos até agora os cientistas não descobriram nenhum planeta que ofereça as condições necessárias para abrigar vida orgânica.

Lívia pensou bem antes de responder. Não queria que uma conversa que havia começado tão bem terminasse em discussão filosófica ou religiosa, mas não dava para deixar de falar sobre as suas convicções.

Roberto de Carvalho inspirado pelo Espírito Francisco

— Acontece, Cassiano, que, assim como tudo o que existe neste planeta, a nossa ciência também é muito limitada. De todos os planetas criados por Deus, quantos o homem conseguiu sondar até agora? Se levarmos em conta a quantidade de mundos que existem por aí e o tipo de sondagem que foi feita, chegaremos ao número zero ou a algo muito próximo disso. É como se alguém observasse um pouco da água do mar em um copo e julgasse, com isso, conhecer todos os mistérios existentes no oceano.

O rapaz achou graça da comparação, e Lívia prosseguiu em seu raciocínio:

— Além disso, a vida orgânica, como nós a conhecemos, não é a única manifestação vital que existe no mundo. Na verdade, a vida não está no organismo biológico dos seres, mas no princípio inteligente que faz o organismo se manifestar.

Cassiano ouvia as palavras dela com grande atenção, mas sem conseguir absorver com exatidão o significado de tudo aquilo. Estava curioso com todas aquelas novidades.

— Minha nossa! O seu ponto de vista é bem diferente de tudo o que já ouvi até agora a respeito de Deus e do universo.

— É porque, durante muito tempo, os homens insistiram em colocar a religião num patamar estranho e até mesmo contrário à ciência, como se fossem ideias adversas. É certo que ainda existem religiões que pregam a atuação dos cientistas como diabólica, e há cientistas que ainda

Nova Chance para a Vida

encaram os religiosos como seres ingênuos e equivocados. Mas, à medida que os dois segmentos se aproximam, vai se tornando claro que tanto a ciência quanto a religião têm a sua importância para a evolução dos homens: a ciência contribuindo com a evolução intelectual e a religião ajudando no progresso moral do ser humano, tornando-o mais solidário, mais flexível...

Cassiano percebeu que, enquanto Lívia falava e se empolgava em expor o tema, um brilho especial parecia se projetar dos olhos dela. Sinceramente impressionado, perguntou:

— Onde você aprendeu todas essas coisas, minha amiga?

Ela respondeu com outra pergunta:

— Você gostaria de estudar sobre isso?

— Bem... Eu...

— Olha, se você quiser, eu posso lhe dar o livro que serviu para os meus estudos.

Lívia ficou olhando para ele, na expectativa de ouvir uma resposta positiva, e Cassiano respondeu decidido:

— Quero sim! E vou ficar muito grato por isso. Estou curiosíssimo.

Ela abriu um sorriso.

— Que bom! Depois que você ler o livro, nós voltamos a conversar sobre este assunto, está bem?

Ele aquiesceu satisfeito. Afinal, era impossível não ceder àquele sorriso e ao olhar pleno de ternura de sua...

Roberto de Carvalho inspirado pelo Espírito Francisco

amiga? Não! Ele já não tinha certeza de se era apenas um sentimento de amizade o bem-estar imenso que sentia ao lado dela.

CAPÍTULO 15

Revelação

A inferioridade das faculdades do homem não lhe permite compreender a natureza íntima de Deus. Na infância da Humanidade, o homem o confunde, frequentemente, com a criatura, da qual lhe atribui as imperfeições. Mas, à medida que o senso moral se desenvolve nele, seu pensamento penetra melhor o fundo das coisas, e dele se faz uma ideia mais justa e mais conforme a sã razão, embora sempre incompleta.

O Livro dos Espíritos – Questão 11 (Comentário de Allan Kardec) – Boa Nova Editora

Dando prosseguimento à conversa iniciada naquele dia, e tendo conhecido a visão espiritualizada da amiga, Cassiano tomou coragem para tocar num assunto que lhe era bastante íntimo.

— Sabe, Lívia, há uma coisa que eu não contei sobre mim. É algo que eu jamais ousaria dizer, se você não houvesse revelado essa visão ampla sobre as questões espirituais.

Ela o olhou com curiosidade.

— É mesmo? Você teve alguma experiência espiritual?

— Na verdade, não sei se é espiritual ou se é coisa da minha cabeça. Acontece que, desde a infância, eu sempre tive pesadelos terríveis com o acidente que vitimou os meus pais. Neles, as cenas ficavam se repetindo e eram sempre interrompidas na parte em que eu deveria ver as consequências do atropelamento. Nesse momento, eu sempre despertava e dava um jeito de permanecer acordado pelo resto da noite.

— Imagino que você devia ficar apavorado — solidarizou-se ela.

— E como! — concordou Cassiano com um esfuziante meneio de cabeça. — Mas, tempos atrás, voltei a ter o pesadelo. Só que ele começou a partir do ponto em que terminava nas vezes anteriores. Eu fiquei morrendo de medo de ver os corpos dos meus pais destroçados pelo ônibus. Porém o que vi foi uma imagem linda e iluminada da minha mãe. Ela me abraçou e me disse um monte de coisas bacanas. Falou que eu não tive culpa alguma naquele episódio e me fez

Nova Chance para a Vida

prometer que iria parar de me sentir culpado, e que passaria a me dedicar à realização dos meus projetos de vida.

— Que relato interessante!

— E não é só isso. O mais incrível é que uma senhora chamada Inácia, que trabalha na pensão onde eu vivia, e diz possuir faculdades mediúnicas, havia me advertido de que pessoas que me amam viviam ao meu lado. Deu a entender que uma delas era a minha mãe e que ela estava precisando muito falar comigo. Logo depois, eu tive esse sonho.

— E o que você pensa sobre isso?

Cassiano pensou bem e respondeu sem muita convicção:

— Aí é que está o problema... Eu não sei o que pensar. O sonho me deixou muito impressionado e mexeu com as minhas estruturas emocionais; tanto é que eu acordei muito animado no dia seguinte. Foi a partir desse dia que arranjei o emprego na padaria e as coisas começaram a dar certo para mim. Consegui a promoção seis meses depois, fiz o curso de informática, conheci você, que me ajudou a entrar para a faculdade...

Lívia o interrompeu sorrindo.

— Então, qual é a dúvida, Cassiano? Não está claro que você teve um encontro com a sua mãe e que as coisas que ela falou o ajudaram a sair daquele marasmo em que você vivia? Ou seja, que era essa a urgência que ela tinha para se comunicar com você? Para abrir os seus olhos e aconselhá-lo, como qualquer mãe teria feito?

Ele balançou a cabeça.

— Queria muito acreditar nisso, Lívia, mas não é tão

fácil assim. Praticamente não tenho religião. Depois da morte dos meus pais, ninguém mais me levou a uma igreja e eu nunca senti necessidade de procurar uma. Cresci distante dessas coisas consideradas divinas...

— Mas eu não estou falando sobre religião, Cassiano. Religião é outra coisa. Eu estou perguntando se você consegue acreditar que esteve mesmo com a sua mãe, porque isto não tem nada de miraculoso, extraordinário, espetacular... É apenas o encontro entre duas pessoas que se amam e que têm assuntos a tratar. É a manifestação de uma mãe consciente e amorosa que precisa aconselhar o filho desorientado.

— Depois de morta?

— Sim! Apenas considerando que o que você chama de morte eu chamo de desencarnação. Sua mãe está desprovida de um corpo material, mas possui a mesma consciência, os mesmos sentimentos e o mesmo zelo de quando estava neste plano.

Ele a encarava mudo. Lívia prosseguiu:

— Cassiano, nossos sentimentos são atributos es-pirituais. Eles não se decompõem juntamente com o corpo, pois não são de ordem material. Os sentimentos seguem conosco para o plano do espírito. Sua mãe é, com certeza, um espírito lúcido, consciente da atual condição em que vive. É natural que ela se preocupe com o seu bem-estar.

Ele fez um muxoxo.

— E por que você diz que isso não tem nada a ver com religião? Quer dizer que Deus não faz parte disso?

Nova Chance para a Vida

Ela sorriu com candura.

— É claro que Deus está inserido nessas manifestações, Cassiano! Sabe por quê? Simplesmente porque Ele está em tudo! O que eu estou dizendo é que não são as religiões que promovem as manifestações espirituais. Alguns segmentos religiosos, alguns até muito antigos, que já desvendaram essas verdades apenas as revelam e orientam os seus fiéis no sentido de compreendê-las e aceitá-las com naturalidade. Mas é Deus, com todo o seu poder, a sua misericórdia infinita, a sua justiça perfeita e o seu amor universal, que permite a comunicação entre encarnados e desencarnados. E, mais ainda, permite que pessoas como Inácia possam testemunhar o que ocorre na esfera espiritual para dar o seu testemunho e convencer os descrentes de que o intercâmbio entre "vivos e mortos" é uma realidade absolutamente natural.

Seguiu-se profundo silêncio. Os dois continuavam sentados no gramado. Cassiano digeria todas aquelas informações, e Lívia, feliz pela oportunidade de expor suas convicções de modo tão natural, recostou-se no ombro do amigo e também não disse mais nada. Apenas ficou observando o reflexo de luz que o sol projetava no espelho de água do lago, a poucos metros dali, e sobre o qual um casal de cisnes deslizava suavemente.

Dois dias depois, os dois voltaram a se encontrar e

Lívia entregou a Cassiano um livro embrulhado em papel de presente.

— Muito obrigado! — disse ele, abraçando-a. — E pensar que nem é meu aniversário.

— É para você não ter dúvida de que está sendo oferecido com muito carinho, Cassiano. Eu não sei como você vai encarar essa leitura, mas, para mim, ela fez toda a diferença na maneira de encarar o mundo.

O rapaz desembrulhou com cuidado e se deparou com uma edição muito bonita de um dos livros da codificação espírita.

— *O Livro dos Espíritos*? — perguntou intrigado. — O que significa isto? Quer dizer que foram os Espíritos que o escreveram?

Lívia assentiu com um movimento de cabeça.

— Bem... De certa forma, podemos dizer que foi assim mesmo.

Cassiano deu uma folheada e voltou a olhar para a moça. Era evidente que ele não estava convencido sobre a autoria da obra.

— Desculpe, mas eu não estou entendendo... Como é que os mortos podem escrever alguma coisa?

— Você vai entender melhor o processo de escrita deste livro quando tiver uma noção mais clara sobre a Doutrina. Mas eu posso adiantar que ele é formado por perguntas e respostas sobre praticamente todos os assuntos relacionados à vida humana. Além disso, vou lembrá-lo, mais uma vez, de que o que você chama de morte...

Nova Chance para a Vida

— Já sei! — interrompeu o rapaz, balançando a cabeça. — Você chama de de-sen-car-na-ção.

Lívia sorriu.

— Muito bem, Cassiano! – ela brincou, aplaudindo-o. Depois voltou a ficar séria e explicou: — É por isso que não cabe dizer que as perguntas foram respondidas por mortos. Elas foram dadas por espíritos inteligentes que se encontram desprovidos de corpos físicos, ou seja, que habitam o plano espiritual.

— Mas eles responderam a quem? A esse tal Allan Kardec?

Ela sorriu.

— Na verdade, não responderam diretamente a Allan Kardec. Responderam por intermédio da psicografia dos médiuns que participaram do trabalho de escrita do livro.

Ele voltou a balançar a cabeça. Era uma forma de expor a sua incredulidade.

— Desculpe, Lívia! Eu não quero parecer cético e inoportuno, mas é uma forma estranha de se escrever um livro... Você não acha?

Ela o olhou compassivamente.

— Cassiano, não se preocupe em demonstrar a sua descrença. Aliás, foi justamente por descrer nos fenômenos espirituais que Allan Kardec acabou se tornando o fundador do espiritismo. Ele também não tinha essa fé cega que faz as pessoas acreditarem sem questionar. Tanto é que um dos fundamentos do espiritismo é a afirmativa de que a fé

Roberto de Carvalho inspirado pelo Espírito Francisco

só pode ser verdadeira se houver a compreensão do objeto que a sustenta.

Ela apontou para a capa do livro, onde havia a foto do codificador, e disse:

— Allan Kardec é, na verdade, o codinome de um respeitado educador e escritor francês chamado Hippolyte Léon Denizard Rivail. Ele tinha por objetivo desmascarar as manifestações espirituais que ocorriam na França e que eram encaradas como eventos de recreação e curiosidade: reuniões mediúnicas, nas quais mesas se moviam sozinhas e até respondiam a certas perguntas, batendo com os pés no assoalho. Kardec também considerava que era tudo encenação, com o objetivo único de enganar e divertir as pessoas. Mas, depois de muito observar, percebeu que havia um princípio inteligente por trás daqueles movimentos e foi assim que começou a sua comunicação com os espíritos que realizavam aquelas proezas. Foi desse modo que se iniciou o processo que levaria à fundação do espiritismo.

— Mas...

— Só um momento, Cassiano. Eu ainda não respondi à sua pergunta. Os livros da codificação não poderiam ser escritos de outro modo, uma vez que são baseados nas informações repassadas pelos espíritos. Como esses não possuíssem a estrutura física para escrever, valeram-se das mãos dos médiuns para colocar no papel as suas ideias.

— Mas quem garante que as respostas contidas no livro não saíram da cabeça dos próprios médiuns?

— Porque se tratava de pessoas jovens demais,

alguns até adolescentes, e outros com grande limitação intelectual para elaborarem respostas tão profundas e inteligentes sobre os mais diversos temas, como você vai perceber quando estiver lendo. Além disso, as mesmas perguntas eram feitas a vários médiuns, em dias e locais diferentes. Depois as respostas eram confrontadas para ver se não havia conflito de ideias entre elas. Ou seja, até chegar à edição do livro, o trabalho de Kardec foi extremamente criterioso, sério e responsável; aliás, como havia sido a sua vida toda.

O rapaz suspirou fundo.

— Tomara que eu tenha condição de compreender uma leitura que me parece tão difícil.

Lívia o incentivou com um sorriso iluminado:

— Cassiano, eu não tenho dúvida de que você vai entender muita coisa, sim. Outras vão despertar questionamentos cujas respostas nós vamos buscar juntos. Está bem assim?

O olhar penetrante de Lívia promovia sensações inexplicáveis no rapaz, algo que o emudecia e o fazia experimentar um sentimento nunca antes vivido. Seria amor? Ele começava a acreditar que sim.

Roberto de Carvalho inspirado pelo Espírito Francisco

CAPÍTULO 16

O livro

O homem não pode ficar, perpetuamente, na ignorância, porque deve atingir o fim marcado pela Providência: ele se esclarece pela força das coisas. As revoluções morais, como as revoluções sociais, se infiltram pouco a pouco nas ideias; germinam durante os séculos, depois, de repente, estouram e fazem ruir o edifício carcomido do passado, que não está mais em harmonia com as necessidades novas e as aspirações novas.

O Livro dos Espíritos – Questão 783 (Comentário de Kardec) – Boa Nova Editora

Mais tarde, em casa, Cassiano começou a leitura do livro. A primeira pergunta já o fez pensar bastante: "Que é Deus?". E a resposta que vinha a seguir: "Deus é a inteligência suprema, causa primeira de todas as coisas".

Ele sempre imaginara Deus como uma pessoa; um ser evoluído, altamente poderoso, mas com as características físicas de um ser humano. Portanto, a pergunta "Que é Deus?", em vez de "Quem é Deus?", pareceu-lhe inicialmente até ofensiva. Somente bem mais tarde ele iria compreender a razão de tudo aquilo.

Nos dias seguintes, entregou-se à leitura e, aos poucos, a imagem antropomorfa de Deus começou a se desintegrar em sua consciência. Aliás, várias convicções religiosas adquiridas convencionalmente passaram pelo mesmo processo de dissolução, ao serem confrontadas com as dissertações lúcidas e coerentes constantes naquela obra.

Lembrou-se de Lívia ter dito que a equipe responsável por receber e transmitir aquelas mensagens, via mediúnica, era formada por pessoas muito jovens e algumas com grandes limitações intelectuais. Levando em conta o nível de inteligência daquela obra, realmente ficava impossível não acreditar que tais respostas tivessem sido elaboradas por seres detentores de vastíssimo conhecimento.

O rapaz achou a obra tão interessante, que passou a dedicar a ela todo o tempo disponível. Começou a carregar o livro para onde fosse, aproveitando cada minuto ocioso para lê-lo e, à noite, mantinha-o sempre ao alcance da mão. Assim, foi desvendando aquele universo incrível que Lívia descrevera tão bem.

Nova Chance para a Vida

No capítulo que versava sobre o mundo espiritual, passou a refletir sobre o fato de os espíritos constituírem um plano à parte, fora deste que vemos, ou seja, o mundo das inteligências incorpóreas.

Levando em conta as informações constantes em *O Livro dos Espíritos*, o mundo espiritual, ou seja, a dimensão povoada pelas pessoas que deixam na Terra o seu corpo físico, é um lugar tão dinâmico quanto o mundo material.

Ficou pensando na explicação de Kardec, ao final daquele tópico, dizendo que os espíritos estão por toda a parte. Que povoam infinitamente os espaços e que estão sempre ao nosso lado, observando e agindo sobre os encarnados. Isso explicaria o fato de Inácia ter visto sua mãe ao seu lado?

Mais à frente, leu sobre o desprendimento da alma durante o sono do corpo físico. A explicação de que, durante o sono, os laços que unem a alma ao corpo se relaxam. Assim, é comum que haja encontros entre encarnados e desencarnados que se sentem atraídos por sentimentos e interesses comuns.

Quando a alma retorna ao corpo, a sensação que se tem é a de que tudo não passou de um sonho, mas esses encontros costumam deixar impressões tão fortes que, normalmente, são lembrados nos mínimos detalhes, e dificilmente caem no esquecimento. Os sentimentos gerados nessas experiências extracorpóreas atuam fortemente sobre o encarnado, podendo interferir positiva ou negativamente no seu dia a dia.

Roberto de Carvalho inspirado pelo Espírito Francisco

Lembrou-se de que fora exatamente essa a experiência vivenciada naquele episódio. O alívio que experimentara ao ver a mãe saudável e ao saber que não fora o culpado por aquele traumático acidente tinha atuado sobre ele de forma extremamente positiva.

Tal ocorrência seria possível se não houvesse algo dentro de si dando-lhe a certeza de que aquele encontro fora mesmo real? Os esclarecimentos passados pela genitora teriam sido a fonte de consolação que o fizera se sentir mais leve diante da vida?

Eram esses os primeiros questionamentos que começavam a despertar em sua mente, fazendo-o buscar uma forma racional de encarar tudo aquilo que, inicialmente, soava como grandes absurdos.

No tema "Espíritos protetores", uma das questões dizia que os espíritos que deixaram a Terra em boas condições podem oferecer uma proteção relativa àqueles que amam. Proteção relativa, porque estão sujeitos ao limite da liberdade que lhes é concedida no lugar em que se encontrem.

E dizia, ainda, que um pai desencarnado pode se tornar protetor do próprio filho, desde que houvesse um grau de elevação a mais, um poder ou uma virtude concedida por Deus para que isso fosse feito.

Seria isso, então? Sua mãe poderia se comunicar com ele durante o sono, mas não teria o poder de fazer isso de uma forma mais clara e objetiva, levando-o a acreditar que tudo aquilo era real? A decisão de acreditar ou não caberia exclusivamente a ele? À sua boa vontade? À sua fé?

Nova Chance para a Vida

Lívia dissera que sua mãe deveria ser um espírito lúcido, consciente da condição em que vivia. No livro estava escrito que somente tendo certo grau de elevação, um pai desencarnado poderia se tornar protetor de seu filho. Seria a isso que a amiga se referia?

E, quanto mais avançava na leitura, mais Cassiano se convencia de que havia muito a aprender. Anotou numa caderneta uma quantidade imensa de perguntas que queria fazer a Lívia, e não via a hora de encontrá-la para obter todas aquelas respostas.

CAPÍTULO 17

Fé e liberdade

Será aquela que faz mais homens de bem e menos hipócritas, quer dizer, praticante da lei de amor e de caridade na sua maior pureza e na sua mais larga aplicação. Por esse sinal reconhecereis que uma doutrina é boa...

O Livro dos Espíritos – Questão 842 – Boa Nova Editora

As visitas de Cassiano à casa de Lívia haviam se tornado uma atividade corriqueira. Seu Jorge e dona Cotinha já o consideravam um membro da família e as irmãs gêmeas da moça brincavam com ele, chamando-o de cunhadinho e perguntando quanto tempo ainda teriam de esperar para comerem o bolo de casamento.

Inicialmente, o rapaz se constrangia e desconversava, mas, com o passar do tempo, começou a aceitar as brincadeiras e até a considerá-las como algo perfeitamente normal e... quem sabe, factível.

Naquele sábado, quando chegou à casa da amiga, seu Jorge o recebeu dizendo que Lívia estava num shopping fazendo compras com a mãe e com Camila, e que demoraria um pouco para voltar.

— Entre! — convidou ele. — Assim aproveitamos para conversar um pouco.

Cassiano aceitou o convite com alegria. Gostava de dialogar com o ex-caminhoneiro, ouvir as suas histórias sobre as viagens que fizera, as dificuldades que enfrentara, as vitórias conquistadas na vida... Seu Jorge era uma presença muito positiva, pois representava, de certo modo, o pai com quem ele não convivera.

Naquele dia, como o jovem estivesse com tantas perguntas a respeito do que lera em *O Livro dos Espíritos*, a conversa acabou pendendo para o lado religioso.

— Acabei de ler um livro espírita que a Lívia me deu e estou muito intrigado – disse ele, pensando que talvez seu Jorge pudesse ajudá-lo.

Nova Chance para a Vida

O homem o olhou de um modo evasivo e respondeu:

— Não sei muita coisa sobre espiritismo, meu rapaz. Eu nasci católico e assim, possivelmente, irei morrer.

Cassiano sentiu a orelha queimar, temendo haver falado alguma besteira, mas o pai de Lívia o sossegou:

— Não se preocupe, meu jovem! Eu sei que a minha filha é espírita e até já estive, algumas vezes, no centro que ela frequenta. Gosto de saber por onde as minhas filhas andam e não costumamos guardar segredos entre nós. Além disso, tenho certa admiração pelas coisas que ouço falar da Doutrina Espírita.

Cassiano respirou aliviado.

— Então o senhor não fica aborrecido pelo fato de a Lívia seguir outra religião?

Seu Jorge respondeu entre risos:

— Se eu fosse me aborrecer com isso, teria de começar pela minha esposa. A Cotinha é da Igreja Messiânica.

— Nossa! Quer dizer que vocês pertencem a religiões diferentes? E não há confusão por causa disso? Quer dizer, vocês não se desentendem?

— Não — interrompeu o outro com naturalidade. — Não há desentendimento algum. E sabe por quê?

O rapaz o olhava curioso.

— Porque, acima de tudo, nós nos amamos e nos respeitamos. Porque somos conscientes de que toda religião que tem por objetivo conduzir os fiéis para o caminho do amor a Deus e ao próximo está perfeitamente de acordo com os ensinamentos de Jesus.

Roberto de Carvalho inspirado pelo Espírito Francisco

Seu Jorge apontou para o quadro que expunha a face iluminada do Cristo.

— Ele é o caminho, a verdade e a vida! Sua doutrina de amor, caridade e perdão é a base de todas as religiões cristãs, e é isso que nos une num só amor e mantém o nosso lar em harmonia.

Cassiano percebeu a entonação emocionada da voz daquele homem e teve muita vontade de ser como ele; de inserir também em sua vida aquele devotado amor pelo Cristo e fazer dos seus ensinamentos um objetivo de vida.

— A religiões são os caminhos que precisamos percorrer para chegar a Deus — prosseguiu o pai de Lívia. — Ainda não conseguimos chegar a Ele pelas próprias pernas, porque acabamos nos perdendo na estrada larga das ilusões. Mas também não podemos ser radicais, fanáticos ou prepotentes a ponto de achar que somente esta ou aquela vertente religiosa é capaz de nos guiar, porque, nesse caso, estaremos seguindo pela contramão daquilo que deveríamos defender: o direito ao livre-arbítrio que nos foi concedido e que é respeitado pelo próprio Criador de todos nós.

Cassiano sorriu e acenou positivamente com a cabeça.

— O senhor está certíssimo!

— Então, meu filho, é como eu lhe disse. O fato de pertencermos a religiões diferentes não nos cria adversidades aqui em casa. Muito pelo contrário, só reforça em nós a certeza de que a liberdade de expressão da fé e do amor a Deus é um direito sagrado que cada um deve

Nova Chance para a Vida

exercer conforme lhe recomende a própria consciência. E, naturalmente, que não ocorra apenas no ambiente religioso, mas no dia a dia, nas ações cotidianas, na convivência com o próximo, em todos os lugares e circunstâncias em que nos encontremos. Porque isso é também uma questão de respeito e de civilidade entre as pessoas.

A conversa prosseguiu por este caminho e despertou muitas verdades na alma daquele rapaz, que começava a abrir os olhos para as questões espirituais, sem as quais o ser humano não passa de um invólucro vazio, destituído dos valores que realmente importam.

Mais tarde, Cassiano contaria a Lívia a emoção que sentira ao ouvir as palavras do pai dela. Contou-lhe que passara a admirar ainda mais a sua família e que se sentia muito feliz por poder desfrutar daquelas companhias tão importantes em sua vida.

Voltaram a conversar sobre o espiritismo e, na medida do possível, Lívia tirou as dúvidas do rapaz sobre os questionamentos que ele possuía, deixando claro, contudo, que a melhor forma de conhecer a Doutrina seria frequentando um centro espírita, assistindo às palestras e estudando os livros da codificação.

Cassiano concordou com a moça e pediu para acompanhá-la à casa que ela frequentava. Lívia sorriu satisfeita e disse que poderiam ir naquela mesma noite, pois a instituição funcionava praticamente todos os dias da semana.

Os dois combinaram de se encontrar às dezenove horas, já que os trabalhos espirituais começavam às vinte e o centro espírita ficava um pouco distante.

No momento em que chegou ao centro, Cassiano não se sentiu muito à vontade, pois não sabia exatamente o que o esperava. Por mais que Lívia o acalmasse, dizendo que nada de extraordinário iria acontecer, ele não conseguia sossegar.

O pensamento que tinha de uma casa espírita era bastante equivocado, achando que veria espíritos transitando entre as pessoas ou flutuando sobre as suas cabeças. Com isso, custou para relaxar e se concentrar nas explanações de uma expositora que falava sobre o Evangelho.

À medida que relaxou, ele passou a se sentir bem naquele ambiente. Foi tomado de um profundo sentimento de paz e chegou a se emocionar, lembrando-se de todas as dificuldades enfrentadas até aquele momento de sua vida.

Era como se, de repente, o vazio que vinha sentindo em algum recanto de seu ser começasse a ser preenchido. Lembrou-se das palavras de sua mãe, no sonho, e achou que fazia sentido a ideia de que existe dentro de nós um lugar especial onde devemos guardar os nossos maiores tesouros, valiosos bens que, apesar de não serem vistos nem tocados por nossas mãos, trazem-nos paz, alegria e completude.

Uma frase dita pela palestrante, extraída do Evangelho

de Mateus, o fez lacrimejar, e o seu coração ficou apertado pela emoção que tais palavras lhe despertaram: "Vinde a mim, todos os que estais cansados e sobrecarregados, e eu vos aliviarei. Tomai sobre vós o meu jugo e aprendei de mim, porque sou manso e humilde de coração; e achareis descanso para a vossa alma. Porque o meu jugo é suave, e o meu fardo é leve." "Este é o convite de que eu precisava", disse Cassiano a si mesmo.

Ele ainda não sabia, mas eram os primeiros indícios de uma fé verdadeira, robusta e raciocinada que começava a desabrochar em sua alma.

Sentiu o coração aquecido enquanto contemplava o perfil delicado do rosto de Lívia, que estava compenetrada na explanação do Evangelho. Também ali, ao seu lado, outra figura feminina sorria, extremamente emocionada. Mas essa presença era invisível aos seus olhos materiais, muito embora fosse pressentida devido à emanação do magnífico amor maternal que o envolvia inteiramente.

Depois daquela noite, Cassiano já não tinha dúvida. Queria se aprofundar nos conhecimentos doutrinários e, incentivado por Lívia, matriculou-se no curso de espiritismo oferecido por aquela instituição.

À medida que avançava nos estudos, Cassiano ia aos poucos tomando consciência dos liames que mantêm unidos os dois planos da vida e, principalmente, tendo certeza de que o nosso presente está intimamente ligado ao passado e que o futuro estará inexoravelmente ligado às nossas ações do presente.

CAPÍTULO 18

O amor

Mas na união dos sexos, ao lado da lei divina material, comum a todos os seres vivos, há uma outra lei divina imutável, como todas as leis de Deus, exclusivamente moral e que é a lei de amor. Deus quis que os seres estivessem unidos não somente pelos laços da carne, mas pelos da alma...

O Evangelho segundo o Espiritismo – Capítulo 22 – Item 3 – Boa Nova Editora

Com o passar do tempo, na medida em que se tornavam cada vez mais próximos um do outro, Cassiano e Lívia perceberam que algo diferente ocorria entre eles. A amizade ia gradativamente ocupando espaços profundos em seus corações e ganhando contornos afetivos que conduziam a manifestações mais calorosas.

Seus abraços se tornavam mais afetuosos, mais íntimos; havia carícias suaves das mãos de um na face do outro; os olhares carregados de ternura; o aceleramento incontrolável dos corações; o silêncio; a proximidade dos lábios trêmulos e finalmente o beijo carregado de emoção, a confirmar o que já não podia ser negado: eles se amavam!

Não se tratava de um amor transitório, um efêmero e sufocante sentimento passional, mas um amor sereno, real e consistente. Cassiano e Lívia perdiam a noção do tempo enquanto sentiam suas almas inebriadas por aquela incrível sensação de bem-estar, e seus corações experimentavam um sentimento único, indescritível.

Ocorria entre eles o que para ela já era uma realidade, e para o rapaz, que se aprofundava cada vez mais nos conhecimentos doutrinários do espiritismo, começava também a se tornar uma certeza: tratava-se de um reencontro de duas pessoas que já se amavam em vidas passadas.

Lívia tivera a clara sensação de já conhecer Cassiano no justo momento em que o vira naquela tarde tencionando fazer o curso de informática. Ela não o conhecia fisicamente, mas, ao vê-lo, foi envolvida por uma agradável sensação de euforia. Era como se estivesse reencontrando uma pessoa muito querida depois de prolongada ausência.

Nova Chance para a Vida

Porém, apenas essa sensação não era suficiente para julgar ter encontrado o amor de sua vida, e ela sabia disso. Estudiosa da Doutrina Espírita, Lívia era sabedora de que, embora a primeira impressão tenha grande importância nesses reencontros de almas, há também muita fantasia provocada por processos de obsessões passionais, induzindo muita gente a caminhos tremendamente ilusórios, enganosos e muitas vezes até violentos.

Ela sabia também que esse processo ocorria com muita frequência, levando em conta os interesses egoísticos de uns e a carência patológica de outros — desastrosa combinação que gera tantas desilusões, com prejuízos imensos no campo afetivo das relações humanas, e até crimes hediondos.

Por isso quisera conhecer melhor aquele jovem. Precisava saber que tipo de sentimento ele havia despertado em seu coração. Lívia tinha consciência de que nem todo reencontro de almas que se afeiçoam está relacionado ao campo do amor romântico. Existe mais de uma forma de amar, sendo muitas delas mais poderosas até do que as que conduzem duas pessoas a uma relação conjugal, mas que são também muito confundidas em razão da carência coletiva dos habitantes de um mundo de provações.

Ela já havia experimentado essa desilusão, que só não fora um desastre total por ter originado o nascimento de sua filha. Mas a convivência com Cassiano, na condição de amiga, permitiu que ela o conhecesse profundamente e que a reciprocidade de seus sinceros sentimentos amadurecesse

Roberto de Carvalho inspirado pelo Espírito Francisco

aos poucos, como uma árvore que aprofunda suas raízes no solo à medida que seus galhos se elevam em direção ao céu.

É a solidez da raiz, e não a exuberância das folhas e das flores, que mantém a árvore de pé. Lívia sabia disso e somente agora, ciente de que o amor de Cassiano possuía raízes profundas e frondosas, entregava a ele a afetividade sincera do seu coração.

Assim, confirmando o que muita gente já previa, os dois começaram a namorar e a pensar seriamente num futuro juntos. Os familiares de Lívia ficaram muito felizes, pois nutriam grande simpatia por Cassiano e havia tempos já o consideravam um membro da família. Até Camila comemorou, dizendo que Cassiano não seria seu padrasto, mas seu segundo "paizinho".

Convictos do que queriam, começaram a fazer planos para o futuro. Neles estava incluído o financiamento de um apartamento num prédio recém-construído, próximo à residência dos pais de Lívia, até para que Camila não se distanciasse das tias e dos avós, quando os três fossem morar juntos.

Nessa ocasião, Lívia já estava trabalhando como profissional de comunicação audiovisual numa importante agência publicitária.

Cassiano, aconselhado por colegas da faculdade,

havia disponibilizado seu currículo num site especializado em recrutamento profissional. Não demorou muito para ser contratado por um movimentado escritório de contabilidade na região central da cidade, próximo da Avenida Paulista.

Ele adorou o trabalho e, a exemplo do emprego na padaria, empenhou-se e se destacou tanto que, mesmo sem ter ainda concluído o curso universitário, foi incorporado ao quadro de funcionários da empresa com um salário tão bom, que chegou a se surpreender. O patrão viu nele um grande potencial e quis garantir a permanência do rapaz em sua empresa.

Nesse quesito, a vida sorria maravilhosamente e acenava com um futuro promissor para os dois. A concretização de seus projetos era só uma questão de tempo.

Abraçados às nobres causas do espiritismo cristão, mas, principalmente, às atitudes enobrecedoras apregoadas e exemplificadas por Jesus, o jovem casal trilhava um caminho de paz, amor e harmonia.

Somente um detalhe ainda tirava o sossego de Cassiano: a condição mal resolvida do seu passado. Como estariam vivendo as pessoas de seu relacionamento, que ele havia deixado para trás? O rapaz sabia que era um assunto que precisava ser resolvido, mas ainda não se sentia forte o bastante para encarar a questão.

Como aprendera muito sobre o poder da prece, passou a pedir, em oração, amparo, bom senso e fortalecimento para tratar aquela situação da melhor forma possível. Rogava, ainda, que lhe fosse apontado o melhor caminho para iniciar a delicada tarefa de resolver as pendências do seu passado.

Roberto de Carvalho inspirado pelo Espírito Francisco

Nova Chance para a Vida

TERCEIRA PARTE

CAPÍTULO 19

A volta

Importa, pois, do ponto de vista da sua tranquilidade futura, reparar mais depressa os erros que cometeu contra seu próximo, perdoar seus inimigos, a fim de exterminar, antes de morrer, todo motivo de dissensões, toda causa fundada de animosidade ulterior.

O Evangelho segundo o Espiritismo – Capítulo 10 – Item 6 – Boa Nova Editora

Um dia, em meio à correria dos trabalhos, Cassiano começou a pensar muito em Inácia e em dona Genésia. Lembrou-se de que havia tempos não lhes fazia uma visita. Enquanto trabalhava na padaria, que ficava próxima à pensão, de vez em quando ia visitá-las. Depois que passara a trabalhar na região central da cidade, contudo, deixara de cumprir a promessa feita por ocasião de sua despedida.

Intrigado com a forte lembrança que chegara de supetão e o perturbara o dia todo, decidiu vê-las no fim do expediente. Elas o receberam com a alegria de sempre, curiosas em saber das novidades.

Quando Cassiano comentou sobre a forte lembrança que tivera delas, Inácia explicou com a maior naturalidade do mundo que se tratava da recepção do pensamento que as duas haviam emitido. Embora tivesse reservas em relação às atividades místicas da empregada, dessa vez dona Genésia deu razão a ela. O rapaz, porém, já não tinha dúvida alguma a esse respeito. Aprendera nos estudos doutrinários que todos os seres do planeta estão mergulhados no fluido vital, por onde transitam os pensamentos de encarnados e desencarnados, como se fosse uma imensa e invisível teia fluídica.

— Há dias estamos tentando falar com você, Cassiano. Mas não temos o seu novo telefone de contato.

— É verdade, dona Genésia. Que falha a minha... Eu já deveria ter passado a vocês o número do meu novo emprego.

— O seu tio Jairo tem ligado insistentemente para cá.

Nova Chance para a Vida

Dissemos a ele que você sempre nos visitava e ficamos torcendo para que não demorasse a aparecer por aqui.

— O tio Jairo? Mas ele adiantou o assunto? Disse por que quer falar comigo? — perguntou Cassiano, intrigado.

— Não. Apenas pediu para você retornar a ligação assim que pudesse.

Depois de ficar um bom tempo conversando com as amigas, Cassiano se despediu e foi embora, prometendo não demorar tanto tempo para visitá-las novamente.

Continuava intrigado com aquele recado. O que será que o tio queria com ele? Fazia muito tempo que não se falavam, e Cassiano, envolvido em tantas novidades em sua vida, quase havia se esquecido de sua existência.

— É importante que você venha para cá o mais rápido possível — disse Jairo, assim que o sobrinho ligou para ele, naquela mesma noite. Sua voz parecia um pouco tensa e só fez aumentar a preocupação de Cassiano.

— Mas, tio, o senhor não pode adiantar o assunto? É alguma coisa com o Eduzinho? Ele está bem?

— Não é nada diretamente com o seu filho, Cassiano, embora o envolva também. Mas ele está bem.

— É com a Rebeca?

— É... De qualquer forma, o melhor é que você venha pessoalmente.

— E as ameaças de Januário? Ele ainda pretende me matar?

— Esqueça o Januário, meu sobrinho! Aquele lá não mata mais ninguém. Confie em mim. Assim que puder, dê uma chegada aqui.

Cassiano desligou o telefone, pensativo. Coincidentemente, naquele fim de semana havia um feriado na sexta-feira, de modo que ele teria uma folga de três dias no trabalho. Viajaria de carro, pois havia comprado um bom veículo com o dinheiro da indenização que recebera da padaria e mais algumas economias feitas depois que tinha deixado a pensão.

A viagem, em si, não o preocupava; preocupavam-no as razões pelas quais seu tio insistia para que ele fosse até lá.

Mais uma vez, o rapaz recorreu a Lívia e até a convidou para viajar com ele. Mas ela, sensata como sempre, disse-lhe:

— Cassiano, nenhum caminho está definitivamente trilhado se existem pendências para trás. Ainda não é o momento de fazermos esta viagem juntos. Vá ver o que está acontecendo... Reveja seu filho, sua ex-mulher e todas as pessoas do seu passado. Procure ser útil, compreensivo, humano... Tente não fazer julgamentos e menos ainda condenar quem quer que seja. Numa outra oportunidade, eu prometo que irei conhecer sua cidade natal.

Cassiano lançou para ela um olhar de insegurança.

— Estou preocupado com o que vou encontrar por lá...

— É apenas um reencontro com seu passado, com

situações e pessoas que você já conhece. Não se preocupe demais. Vai dar tudo certo!

Lívia o abraçou fortemente. Ela não queria admitir, mas a verdade é que também estava se sentindo insegura. Fortes laços ainda prendiam Cassiano ao passado, e ela não sabia até que ponto eles poderiam influenciá-lo.

Ambos eram sobreviventes de relações desastrosas no campo afetivo. Lívia administrara melhor o seu drama e fizera prevalecer aquilo que ela chamava de natureza do amor verdadeiro, resignando-se, libertando, perdoando...

Mas... e Cassiano? Ainda haveria mágoa em seu coração? Conseguiria ele lidar de maneira sensata com todos aqueles sentimentos? Lívia não tinha certeza quanto a isso. A única certeza que possuía era a de que o amava muito e faria qualquer coisa para vê-lo feliz, mesmo que isso significasse ter de renunciar àquele amor.

Na sexta-feira próxima, logo cedo, Cassiano pegou a movimentada rodovia. Tentava relaxar, ouvindo músicas alegres, mas seus pensamentos não sossegavam.

No início da tarde, estava em sua cidade natal. Estacionou o carro no posto de gasolina do seu tio e percebeu que nada mudara por ali. Parecia que aquele bucólico torrão havia parado no tempo.

Quando entrou no escritório do posto, seu tio o abraçou

com exagerado entusiasmo e fez questão de elogiar a aparência do sobrinho, chamando-o de paulistano grã-fino.

Depois conversaram mais seriamente, e Jairo contou as novidades. Disse que Januário havia sido condenado a quase vinte anos de prisão e que deveria terminar seus dias num presídio de segurança máxima, em município distante dali.

— Segundo se comenta, o homem virou um trapo na prisão. Está com sérios problemas de saúde e é bem provável que não chegue com vida ao fim da pena prisional.

Cassiano suspirou fundo. Sentiu-se envolvido por um sentimento de compaixão e mentalmente pediu a Deus que amparasse seu ex-sogro. Apesar da experiência negativa que tivera com ele e de conhecer sua natureza embrutecida, ficou triste em imaginar o terrível quadro exposto pelo tio. Se essa notícia lhe fosse dada em outra época, possivelmente sua reação teria sido bem diferente.

— O Eduzinho está vivendo com a avó — prosseguiu Jairo. — É um menino calado, e a gente quase não o vê na rua. Quanto à sua ex-mulher...

Jairo fez uma pausa. Abriu uma gaveta, de onde tirou um maço de cigarros e um isqueiro. Olhou no rosto do sobrinho e despejou:

— Ela está internada no hospital, com uma doença grave.

— Doença? Grave?

— Sim. Foi ela que me pediu para chamá-lo, Cassiano. Disse que não quer morrer sem falar com você.

Nova Chance para a Vida

Ouvindo aquilo, uma imensa apreensão se apoderou do rapaz. Mesmo seu tio dizendo que era uma doença grave, ele não levara muito a sério a princípio, mas, quando Jairo pronunciou o verbo "morrer", Cassiano sentiu um arrepio percorrer sua espinha e foi assaltado por um sentimento aflitivo.

— Mas, tio, é tão grave assim? — perguntou, franzindo a testa.

Jairo acendeu o cigarro, deu uma profunda baforada e acenou a cabeça, confirmando.

— É sim, Cassiano. Eu não tive a curiosidade de perguntar exatamente do que se trata, mas pelo que se comenta por aí ela está com os dias contados.

Cassiano sentiu engulhos no estômago. Até que ponto ele seria responsável por aquilo? O que Rebeca quereria lhe dizer? Estaria tencionando culpá-lo por sua doença?

CAPÍTULO 20

Reencontro

Deus consola os humildes e dá a força aos aflitos que lha pedem. Seu poder cobre a Terra e, por toda parte, ao lado de uma lágrima coloca ele um bálsamo que consola.

O Evangelho segundo o Espiritismo – Capítulo 6 – Item 8 – Boa Nova Editora

Foi com o coração pesaroso que Cassiano se dirigiu ao hospital. Na recepção, foi recebido com cordialidade e a atendente ainda se dispôs a acompanhá-lo ao quarto onde sua ex-mulher estava internada.

O aposento estava em penumbra e, embora fosse um quarto coletivo, com mais dois leitos instalados, Rebeca era a única paciente a ocupá-lo. Um forte cheiro de éter impregnava o ambiente, onde o silêncio era total.

Cassiano se aproximou da cama e levou um susto quando viu Rebeca, pois seu aspecto era desolador. Seu tio o havia prevenido de que a situação era complicada, mas ele não imaginou que fosse tão negativa.

Rebeca estava extremamente magra e pálida, os ossos da face saltados para fora, as pálpebras roxas e retraídas, formando duas covas em torno dos olhos. Ela forçou um sorriso e, percebendo o embaraço do ex-marido, disse com voz sumida:

— Não se assuste, Cassiano! Daqui a pouco você se acostuma com a minha nova aparência.

— Eu... Não... Está tudo bem! — gaguejou ele entre constrangido e penalizado.

Aproximou-se. Beijou a testa de Rebeca. Ela o segurou pelo braço com sua mão esquelética, muito branca. Depois recuou um pouco a cabeça, olhou-o dos pés à cabeça e, forçando a voz o máximo que pôde, exclamou:

— Uau! Como você tá lindo, cara!

Cassiano queria muito poder retribuir o elogio, mas

Nova Chance para a Vida

quem enganaria? Rebeca tinha uma aparência horrível. Estava mesmo morrendo e sabia disso melhor do que ele. Seu coração encontrava-se apertado, e o sentimento de culpa que lhe causara tantos problemas no passado ameaçava voltar.

Ela fez sinal para que Cassiano se sentasse na cadeira que estava à sua cabeceira.

— Tive muito medo de que você não chegasse a tempo, sabia? Se demorasse um pouco mais, certamente não me encontraria viva. Espero que não esteja com pressa, porque temos muito que conversar...

Ele meneou a cabeça positivamente, tentando sorrir. Ela prosseguiu:

— A menos, é claro, que você não queira ficar muito tempo ao lado de uma... como dizem mesmo? Moribunda, não é isso? Uma moribunda, Cassiano! — disse, sem conseguir evitar a risadinha melancólica, que lhe provocou um acesso de tosse.

— Não! Quer dizer, é claro que eu quero. Só fico preocupado... Sabe, talvez não seja bom você se esforçar muito... — argumentou.

Rebeca direcionou para ele aqueles inconfundíveis olhinhos azuis de um modo tão envolvente que, por um instante, fez lembrar a menina linda do período estudantil.

— Por favor, deixe que eu decida isso, está bem?

Ele concordou com um movimento de cabeça.

— Ótimo! — ela tossiu mais uma vez e voltou a encará-lo. — Cassiano, sejamos realistas. Eu só vou sair

Roberto de Carvalho inspirado pelo Espírito Francisco

desta cama para o cemitério. Então, tudo o que eu tiver de fazer e dizer precisará ser feito e dito aqui mesmo. Não haverá depois, você entende?

Ele assentiu novamente, tentando, com um profundo suspiro, libertar o seu peito da opressão que o consumia. Seu coração continuava apertado e um nó enorme lhe bloqueava a garganta, dificultando até a respiração.

Ela voltou a sorrir.

— Ah! Assim fica bem melhor...

Com voz pausada, interrompida, às vezes, pela tosse, Rebeca contou toda a trajetória de sua vida desde a partida de Cassiano para São Paulo.

— Nos primeiros meses, eu me vi sem chão. Quase fiquei louca com sua ausência... Mas não se sinta culpado por isso, porque hoje eu sei que aquilo que nós vivíamos não era uma coisa saudável. Andei pensando muito sobre isso nesses últimos dias, enquanto aguardava a sua chegada, e estou certa de que, se você tivesse permanecido aqui, nós nunca iríamos viver sossegados. Eu não queria ficar em paz ao seu lado, para ser e fazer você feliz. Queria você ao meu lado para controlar a sua vida, dominar você, enlouquecê-lo, assim como eu também vivia enlouquecida... Era um sentimento doentio, uma paixão inconsequente. Até a saudade que eu sentia de você não era uma coisa legal, porque era acompanhada de ódio. Tanto é que, depois que a saudade passou, o que ficou de você no meu coração foi mágoa, raiva e muita vontade de vê-lo sofrendo, de que meu pai o matasse, ou que alguma coisa ruim acontecesse em sua vida.

Cassiano estava paralisado ouvindo as palavras dela, que entravam pelos seus ouvidos e iam se acomodando em sua alma, ocupando posições em lugares de onde ele sabia que nunca mais sairiam.

Mil coisas passavam por sua cabeça, mas ele não ousou interrompê-la. Rebeca falou por cerca de três horas. Contou que dois meses depois da separação, ao certificar-se de que ele não voltaria mais, acabou cedendo à insistência de Januário: desocupou a casinha em que eles moravam e voltou para a companhia dos pais.

Rebeca começou então a experimentar a liberdade de quando solteira, pois sua mãe continuava não dando palpites em sua vida e seu pai andava preocupado demais com o julgamento a que seria submetido pelo assassinato de Pingo.

Ela passou a sair com as antigas colegas do colégio e com alguns garotos também. Todos os fins de semana desaparecia em busca de aventuras, bebedeiras e muita farra. Segundo ela, foi a maneira que encontrou de afogar suas mágoas.

Numa daquelas saídas, Rebeca foi apresentada a Lennon. Na verdade, o nome do sujeito era José Luiz, mas,

Roberto de Carvalho inspirado pelo Espírito Francisco

por ser muito parecido com o músico inglês John Lennon e possuir as mesmas iniciais em seu nome, ele ganhou o apelido.

Segundo Rebeca, ele era um cara muito legal e divertido. Já meio coroa para ela, pois tinha mais de trinta anos. Solteirão, andava num veículo incrementado e curtia heavy metal.

Lennon morava em São Paulo, mas estava sempre viajando pelo interior do estado. Dizia ser representante comercial de uma distribuidora de bebidas.

Rebeca começou a sair com Lennon e não demorou para se apaixonar. Ele também gostou do jeito despojado e descomprometido com que ela conduzia a vida e passou a levá-la em suas viagens.

Nessa época, Januário já havia sido condenado e preso. Rebeca ficou ainda mais à vontade, porque o pai era o único que poderia implicar com o seu extravagante modo de vida.

Após a prisão do marido, Lupércia ampliou ainda mais a sua neutralidade diante dos acontecimentos. Passava os dias trancada em casa, presa às tarefas domésticas — que incluíam agora os cuidados com o neto —, e não dava palpite na vida de ninguém. Parecia viver num mundo à parte, como se o resto da humanidade não tivesse nada a ver com ela.

Quando precisava sair para comprar alguma coisa, fazia-o com a maior urgência e nunca parava na rua para conversar com ninguém. Jamais visitou o marido no presídio e passou a se considerar praticamente viúva após a prisão dele.

Nova Chance para a Vida

Um dia, Rebeca descobriu que Lennon não era representante comercial coisa alguma. Na verdade, era traficante de drogas, e seu serviço era abastecer os pontos de distribuição nas cidades do interior.

Mas, a essa altura, ela estava tão envolvida com ele, que nem se importou com esse detalhe. Aliás, Rebeca se mostrou curiosa e disse que queria experimentar o produto que ele vendia. Lennon também usava drogas, porém tinha um autocontrole incrível. Só usava quando queria e na quantidade que lhe interessasse. Rebeca, ingenuamente, pensou que com ela também seria assim, mas se deu mal. Bastou experimentar cocaína uma única vez e nunca mais conseguiu abandonar o vício.

Então ela passou a ter um motivo a mais para ficar com Lennon: não conseguia se desgrudar dele. Com isso, afastou-se completamente de Eduzinho e chegava a passar meses sem vê-lo, acompanhando o traficante em suas aventuras. Sem um paradeiro certo, os dois viviam se hospedando em motéis de beira de estrada ou dormindo no próprio carro. A criação do menino ficou inteiramente por conta da avó.

Algumas vezes, Lennon chegou a ter problemas com a polícia, mas sempre resolvia as questões de uma forma que Rebeca nunca tomava conhecimento. O incrível era que ele, quando preso, nunca ficava detido mais do que um ou dois dias.

Desse modo, continuava a praticar tranquilamente o seu comércio criminoso, abastecendo pontos de distribuição de

Roberto de Carvalho inspirado pelo Espírito Francisco

entorpecentes, sustentando o vício de milhares de usuários, dentre os quais Rebeca.

— Um dia, descobri que estava grávida — disse ela. — Levei um susto, pois nem me passava pela cabeça ter outro filho. A vida que eu e Lennon levávamos nada tinha a ver com a possibilidade de constituir família. O próprio Eduzinho estava sob os cuidados de minha mãe e eu raramente o visitava.

Inicialmente, Rebeca deixou o tempo correr. Em parte, com medo de que a revelação da gravidez provocasse o afastamento do namorado; em parte, por acreditar que a vida desregrada que mantinha e o consumo cada vez maior de entorpecentes fossem suficientes para provocar um aborto espontâneo.

O tempo passou, e nenhum sinal de aborto. Quando tomou a iniciativa de comunicar a Lennon, já passava dos três meses de gestação. A reação do namorado foi de irritação.

— Por que você não avisou logo? Seria muito mais fácil tirar essa criança no início da gravidez.

Rebeca ficou calada, pois não sabia como justificar tal atltude. Ainda assim, tomou vários medicamentos abortivos que o namorado lhe deu. Passou muito mal, com cólicas, enjoos e fortíssimas dores de cabeça, mas foi tudo inútil.

Numa sexta-feira, sem dar muitas explicações, Lennon a colocou no carro e a levou a um bairro da periferia de São Paulo. Rebeca foi encaminhada a um barraco sujo, onde uma mulher carrancuda, falando o mínimo possível, mandou que ela se deitasse numa maca encardida e, sem a menor sutileza, aplicou-lhe uma injeção que fez com que Rebeca adormecesse e só acordasse horas mais tarde, com terríveis dores abdominais e abundante hemorragia.

Ela havia passado por algum procedimento rústico, invasivo, mas não presenciara nada, pois estivera entorpecida o tempo todo.

— Quando acordei, eu estava sozinha naquele quarto, na casa de uma estranha, sentindo dores fortíssimas, mas não tinha a quem reclamar. Lennon me deixou lá e desapareceu. Passei a noite toda desacompanhada e só fui atendida na manhã de sábado pela mulher mal-encarada. No fim daquele dia, eu continuava com dores e o sangramento também não havia cessado. Lennon apareceu um pouco antes do anoitecer. Estava irritado, tenso e muito calado. Pegou-me no colo e me levou para o carro, que estava estacionado em frente à casa. Naquele fim de semana, ficamos hospedados num motel. Tive febre altíssima e a dor era tão forte que eu gritava. Para aliviar o meu sofrimento, Lennon me dava generosas quantidades de cocaína. Quase sofri uma overdose.

Dando prosseguimento à narrativa, ela contou que na segunda-feira os dois deixaram o motel e pegaram estrada, pois seu namorado tinha muita droga escondida em compartimentos estratégicos do carro, para distribuir. Rebeca permaneceu ao lado dele, mas estava sofrendo tanto, que às vezes chegava a desmaiar de dor.

Somente vários dias depois do aborto clandestino, quando a situação ficou mesmo insuportável, já que a febre continuava intensa e o sangramento passou a ter um forte odor de podridão, foi que Lennon tomou a iniciativa de procurar tratamento para ela.

— Ele me largou na porta do hospital e desapareceu — disse Rebeca. — Estava morrendo de medo de ser preso. Desmaiei ao tentar entrar na recepção do pronto-socorro e fui atendida na emergência. Os médicos fizeram de tudo para me curar, mas eu havia adquirido uma infecção generalizada, pois a curetagem do feto fora incompleta e os antibióticos já não faziam o efeito desejado. Eu havia demorado demais para buscar socorro e acabei decretando minha própria morte. Por isso estou aqui, definhando, amargando o destino autodestrutivo que busquei para mim mesma — concluiu com o fio de voz que lhe restava e que tinha agora um tom lamentoso.

Após um longo e doloroso silêncio, Rebeca segurou a mão de Cassiano e disse:

— Eu tenho recebido visitas do pessoas religiosas que vêm trazer conforto espiritual aos enfermos. Cada um deles tem uma forma diferente de falar de Deus e da destinação da nossa alma após a morte física, mas em um ponto todos eles concordam: a necessidade de fazermos essa transição de coração limpo, sem mágoas, ódios ou rancores. Foi por isso que pedi tanto para você vir me ver. Preciso que me

Nova Chance para a Vida

perdoe pelos erros que cometi contra você. Quero morrer com o meu coração leve...

As lágrimas transbordavam de seus olhos quando ela fez esse pedido. Cassiano também estava chorando quando beijou as mãos de Rebeca e disse com toda a convicção de sua alma:

— Não há nenhuma mágoa contra você em meu coração, Rebeca. Na verdade, eu também preciso que me perdoe. Cometi muitos erros... Falhei com você e com o Eduzinho...

Ela sorriu em meio ao pranto que agora fluía livremente.

— Então estamos perdoados, Cassiano! Eu vou partir em paz e quero que você também fique em paz; que os nossos corações estejam leves e livres...

Um silêncio profundo se abateu sobre eles. Cassiano teve vontade de ir embora, mas, ao mesmo tempo, sentia-se preso àquele lugar. Queria muito poder fazer algo para aliviar o sofrimento de Rebeca, ajudá-la de alguma forma...

— Há algo que eu possa fazer por você? — perguntou com a voz opressa pela angústia.

Ela secou os olhos, deu um longo suspiro, forçou um sorriso e respondeu:

— Eu queria tanto ver o Eduzinho!

— O quê? Ele não tem vindo aqui? Sua mãe não o traz?

Ela fez um muxoxo.

— Não. Mandei vários recados, mas ela nunca veio.

Roberto de Carvalho inspirado pelo Espírito Francisco

— Está bem! Vou trazê-lo amanhã, sem falta. É uma promessa.

Rebeca respondeu com um sorriso enigmático que foi se desfazendo à medida que ele se afastava, após despedir-se, beijando-a na testa.

CAPÍTULO 21

Emoções

Não basta que dos lábios gotejem leite e mel; se o coração nada tem com isso, há hipocrisia. Aquele cuja afabilidade e doçura não são fingidas, nunca se contradiz; é o mesmo diante do mundo e na intimidade; ele sabe, aliás, que se pode enganar os homens, pelas aparências, não pode enganar a Deus.

O Evangelho segundo o Espiritismo – Capítulo 9 – Item 6 – Boa Nova Editora

Cassiano deixou o hospital completamente arrasado com tudo o que vira e ouvira. Dirigiu-se à casa de sua ex-sogra, apertou a campainha e, quando a porta se abriu, seu coração pareceu querer explodir de emoção. Ele teve vontade de abraçar fortemente o menino ruivo, de olhos claros, que o atendeu à porta, mas o jeito contido do garoto acabou desestimulando-o.

— Edu! É você? — perguntou pateticamente, esboçando um sorriso.

O menino também estava surpreso, mas continuava hesitante. Acenou a cabeça várias vezes.

— Sim... Sou eu mesmo...

Cassiano raspou a garganta fingindo que tossia.

— Nove anos, não é?

Ele voltou a acenar com a cabeça.

— Faço dez no mês que vem.

Ambos estavam embaraçados. Cassiano queria muito abraçá-lo, mas tinha medo da reação do filho. Afinal, fazia tanto tempo que não se viam. Lupércia apareceu por trás de Eduzinho, enxugando as mãos num pano de prato.

— Quem está aí?

Em vez de responder, o menino se afastou e deixou que ela visse quem era. Lupércia franziu o cenho, e Cassiano não soube se ela o fizera por insatisfação ou por ter demorado a reconhecê-lo.

— Ah, é você...

Nova Chance para a Vida

— Como vai, dona Lupércia? Estive no hospital com a Rebeca... Vim ver a senhora e o Eduzinho.

Ela não demonstrou nenhuma emoção, nem estendeu a mão para cumprimentá-lo. Continuava a mulher impassível de sempre. Foi preciso que Cassiano pedisse permissão para entrar, enquanto ela o olhava com indolência e Eduzinho desaparecia pela porta dos fundos.

Cassiano conversou, ou melhor, monologou por uns dez minutos, pois Lupércia parecia incomodada com a presença dele. Ela sabia de tudo o que estava acontecendo com a sua família, mas não demonstrou nenhum resquício de preocupação ou mesmo de compaixão para com o marido e a filha. Não havia ido ao hospital visitar Rebeca, da mesma forma como não fora visitar o marido na prisão, e tudo o que disse a respeito do esposo e da filha foi:

— Januário e Rebeca estão pagando pelos próprios pecados. Eu cuido da minha vida e procuro não pecar, para não precisar ficar sofrendo como eles.

Cassiano tentou contra-argumentar, sensibilizá-la, mas ela estava muito convicta de suas ideias e se mostrou hermética a sugestões. Quando ele disse que pretendia levar Eduzinho no dia seguinte para ver a mãe, ela estirou os lábios e disse:

— Você é o pai e, apesar de ter abandonado o menino, deve saber o que é melhor para ele. Faça como quiser.

Apesar da frieza da resposta, o rapaz se sentiu aliviado, pois temia que Lupércia colocasse algum empecilho. Eduzinho não apareceu para se despedir dele, e a avó justificou

Roberto de Carvalho inspirado pelo Espírito Francisco

dizendo que o menino andava estudando muito, pois estava no período das provas escolares.

Enquanto seguia para o hotel onde pretendia se hospedar, Cassiano tentava organizar as peças de tudo o que estava acontecendo, mas havia uma grande confusão em sua mente. Sentia uma forte dor de cabeça e seu coração parecia bater num ritmo bem mais acelerado que o normal.

Já no quarto do hotel, antes de se preparar para o banho, Cassiano sentou-se na cama e ligou a TV apenas para quebrar o silêncio do ambiente, pois a profusão de pensamentos quase o enlouquecia.

O aparelho estava sintonizado num programa policial, e naquele momento mostrava a matéria sobre uma ocorrência em São Paulo. Uma mulher se descabelava, chorando desesperadamente sobre o cadáver do filho morto numa troca de tiros com a polícia.

— Meu filho é inocente! — gritava ela. — Essa polícia assassina matou um jovem trabalhador e fica mentindo, dizendo que houve troca de tiros. Meu filho nunca portou uma arma... Sempre trabalhou...

Convencido de que aquele tipo de programa não o ajudaria em nada, Cassiano apanhou o controle remoto para mudar de canal, mas interrompeu a ação assim que viu a foto do rapaz assassinado exposta na tela. Ficou paralisado, pois teve a impressão de que o conhecia de algum lugar.

Enquanto isso, a reportagem voltava à cena da mãe inconformada. Ela chorava de tal forma, que o coração de Cassiano, já tão fragilizado por tudo o que vivenciara naquele dia, acabou transbordando, e ele começou a chorar junto com aquela infeliz. Foi como se tivesse absorvido parte daquele sofrimento e o compartilhasse com ela.

Quando a foto do jovem assassinado foi novamente exposta na tela da TV, ele levou um choque. Lembrou-se, finalmente, de onde conhecia aquele rosto. Tratava-se do rapaz que, anos antes, durante o assalto ao posto de gasolina, o havia humilhado e agredido com o cabo do revólver. Na ocasião, o assaltante havia tirado o capuz por alguns segundos e fizera questão de que Cassiano visse o seu rosto, enquanto tripudiava sobre a reação amedrontada do rapaz.

Não restava dúvida de que era ele, e essa constatação, num primeiro momento, provocou-lhe um sentimento de revolta. Mas Cassiano se lembrou imediatamente das diversas lições que vinha recebendo da vida sobre a importância de manter o coração livre de mágoas e mudou sua maneira de pensar. Sua revolta não deveria representar um fardo a mais para o sofrimento de uma alma já tão comprometida como aquela, concluiu.

Percebeu então, entre surpreso e contente, que não pensava mais naquele infeliz com o mesmo sentimento negativo de tempos atrás. Não desejava mal a ele e esperava, sinceramente, que sua alma pudesse descansar em paz.

Roberto de Carvalho inspirado pelo Espírito Francisco

CAPÍTULO 22

Resgate

Deus, portanto, não criou desigualdades de faculdades, mas permitiu que os diferentes graus de desenvolvimento estivessem em contato, a fim de que os mais adiantados pudessem ajudar o progresso dos mais atrasados, e, também, a fim de que os homens, tendo necessidade uns dos outros, cumprissem a lei de caridade que os deve unir.

O Livro dos Espíritos – Questão 805 (Comentário do Espírito Miramez) – Boa Nova Editora

Mais tarde, depois de ter feito um lanche apenas para não dormir em jejum, já que estava sem apetite e a cabeça continuasse latejando terrivelmente, Cassiano telefonou para Lívia. Ela estava apreensiva, preocupada com ele.

O rapaz disse que as coisas estavam muito complicadas e contou tudo o que se passara naquele dia. A namorada o confortou com palavras positivas e disse que estava rezando por ele.

— Não se esqueça, Cassiano, de que eu o amo e que vou apoiar qualquer atitude que você tomar, porque sei que agirá com sensatez e que tomará as medidas que julgar mais acertadas. Conte comigo!

A atitude de Lívia o deixou ainda mais emocionado. Ele custou a pegar no sono e, quando o fez, voltou a se reencontrar com a mãe. Desta vez, o encontro não foi no ponto de ônibus, onde havia ocorrido o acidente que ceifara a vida de seus pais. Mãe e filho se encontraram dentro de uma pequena capela, onde havia duas fileiras de bancos de madeira rústica, todos vazios.

Distribuídos pelas duas paredes laterais, alguns vitrais retangulares formando mosaicos coloridos eram trespassados pela claridade de uma lua imensa.

À sua frente estava a porta de entrada, entreaberta, e atrás deles um altar rústico, sobre o qual havia alguns vasos de flores artificiais desbotadas.

Apenas o ruído do vento agitando as folhas das árvores que circundavam a capela quebrava o silêncio do ambiente.

Nova Chance para a Vida

A mãe de Cassiano colocou a mão no ombro dele e disse sorrindo:

— Muito bem, meu filho! Estou feliz em ver que você está mesmo cumprindo a promessa que me fez. Está se esforçando para realizar os seus projetos, e isto é maravilhoso! Além, é claro, de estar buscando conhecimento espiritual. Estou muito orgulhosa de você!

Ele sorriu e não precisou dizer nada, pois agora estava certo de que a mãe compreendia o seu pensamento. Cassiano sentia-se feliz e, ao mesmo tempo, intrigado com aquele novo encontro.

— Estamos aqui para receber uma pessoa muito especial — disse ela.

Nesse instante, uma sombra se estendeu pela réstia de luz que entrava pela abertura da porta e avançava pelo piso do corredor. A silhueta de um homem assomou logo após, adentrou a capela, cabisbaixa, e caminhou lentamente em direção aos dois. Aproximou-se, ajoelhou-se diante deles, cobriu o rosto com as mãos e começou a chorar.

Cassiano ficou um pouco assustado, mas sua mãe o olhou com serenidade, como a dizer que não havia motivo para preocupação. Depois, juntou-se àquele homem, segurou-o pelos ombros e o ajudou a se erguer.

As suspeitas de Cassiano se confirmaram quando o homem ficou de frente para ele: era seu pai. Expunha o semblante tristonho, usava roupas amarfanhadas, puídas e sujas, seus cabelos estavam desalinhados, e ele possuía a aparência mórbida de quem estava gravemente enfermo.

Roberto de Carvalho inspirado pelo Espírito Francisco

A mulher apoiou o braço no ombro daquele espírito sofredor e, apontando para o filho, disse-lhe:

— Veja quem está aqui, meu querido! Nosso filho Cassiano veio recepcioná-lo.

Ele ergueu os olhos que se encontravam entreabertos, demonstrando que a luminosidade do ambiente, ainda que precária, feria-os. Lentamente abriu os braços. Cassiano se aproximou e os dois se abraçaram. Choraram juntos durante o longo tempo em que permaneceram enlaçados, mas não disseram nada um ao outro.

Logo, umas pessoas vestidas de branco, à semelhança de médicos e enfermeiros, adentraram a capela conduzindo uma maca. O pai de Cassiano foi colocado sobre ela e seguiu carregado, chorando e acenando para o filho e para a esposa.

Cassiano e sua mãe ficaram a sós novamente no interior da capela. Sentaram-se em um daqueles bancos e a mulher segurou a mão dele.

— Meu filho, hoje o seu pai finalmente foi resgatado. Será assistido por benfeitores, receberá tratamento, esclarecimentos e retomará o curso de sua vida. Acredite, você teve uma participação muito importante nesse resgate.

Cassiano a olhou interrogativamente. Bastou esse olhar para que ela compreendesse a dúvida do filho e respondesse:

— Desde que aconteceu aquele acidente, há mais de vinte anos, seu pai continuava se achando na obrigação de cuidar de você. Como um guardião zeloso e muito atento, vigiava todos os seus passos, mas não o fazia pela via do amor e da luz, porque ele não estava preparado para isso. Seu pai agia pelas sombras. Era uma espécie de guarda-costas invisível que absorvia as suas mágoas e, na medida do possível, promovia vingança contra as pessoas que o ofendiam. Todos os seus desafetos sofreram negativamente a influência emanada dos sentimentos de revolta do seu pai contra eles, e que era, na verdade, um reflexo do seu próprio sentimento.

Cassiano ficou transtornado ouvindo aquelas palavras. Haveria mesmo a influência do seu pai nas ocorrências que haviam colocado Rebeca naquela enrascada? Mais uma vez demonstrando que conseguia ler os seus pensamentos, sua mãe disse:

— Não foi só Rebeca que sofreu a influência negativa do seu pai para se meter em encrencas. Outras pessoas também a receberam, inclusive Januário. Seu pai o incentivou, pelo pensamento, a assassinar Pingo. Até mesmo o rapaz que o humilhou e agrediu durante o assalto ao posto de gasolina foi influenciado a enfrentar a polícia naquele confronto em que foi assassinado.

Embora parecesse loucura, o que a mãe estava dizendo fazia sentido. Mas, se seu pai era mesmo o tal guardião vingativo que o protegia dos seus desafetos, por que havia deixado de sê-lo? Por que aceitara ser resgatado por aqueles benfeitores?

Roberto de Carvalho inspirado pelo Espírito Francisco

Mais uma vez, a mãe esclareceu:

— O que alimentava o desejo de vingança do seu pai eram os sentimentos de mágoa e revolta armazenados em seu coração. De uns tempos para cá, uma mudança positiva tem se operado em sua alma, meu filho. Você tem conseguido perdoar as pessoas que o ofenderam e não vem cultivando mais sentimentos negativos. Por causa disso, seu pai se desincumbiu de continuar cuidando de você. Ele finalmente percebeu que você cresceu, que pode se defender sozinho.

Ela o encarou bem de perto e disse com os olhos brilhando:

— Precisamos ter muito cuidado com os nossos sentimentos, meu filho, pois eles não ficam restritos à nossa intimidade. Eles se projetam no espaço e contagiam tudo à nossa volta. Os nossos sentimentos negativos podem motivar atitudes negativas que, muitas vezes, nem percebemos.

Seu tom de voz era suave e penetrava nos mais íntimos recantos da alma de Cassiano.

— Amar, meu filho! Compreender e perdoar as fraquezas alheias! É isso que nos coloca em sintonia com a harmonia do grande universo e promove paz em nosso universo pessoal.

Sua voz ganhou um tom mais melancólico:

— Infelizmente, seu pai acabou contraindo dívidas ao incentivar as más inclinações dessas pessoas e ao ajudá-las a se projetar em precipícios morais.

Depois voltou a sorrir.

— Mas, graças a Deus, ele finalmente desistiu dessas

Nova Chance para a Vida

investidas! Agora passará por um período de tratamento e, quando estiver pronto, iniciará um processo de reparação de suas faltas. É desse modo que muitos de nós nos conscientizamos de que o amor e o perdão são o único remédio eficiente para combater todos os males que contaminam os corações humanos.

E, antes de partir, ela disse com os olhos brilhando de emoção:

— Cassiano, a vida é feita de reencontros e, se Deus quiser, em breve haverá um encontro bem mais prolongado entre nós.

Cassiano acordou a seguir e ficou pensando em tudo aquilo que ouvira de sua mãe, pois as palavras continuavam ecoando em sua mente e não eram muito diferentes do que Lívia lhe dissera tempos atrás, quando se referira à natureza do amor verdadeiro como fonte de libertação.

Agora ele tinha certeza de que mantinha um intercâmbio com a mãe e sabia, também, que havia participado do resgate de seu pai. Aos poucos, Cassiano assumia a condição de ser espiritual, conscientizando-se de que a responsabilidade por nossos atos não se repercute apenas no plano da matéria.

As obras da codificação haviam se tornado seus livros de cabeceira nos últimos tempos, e a Doutrina Espírita explicava todos aqueles fenômenos como algo natural e corriqueiro.

Agora ele já não alimentava dúvidas, pois as coisas estavam acontecendo exatamente como dito pelos espíritos à equipe mediúnica de Kardec: "Quando vos julgais muito ocultos, é comum terdes ao vosso lado uma multidão de Espíritos que vos observam".

CAPÍTULO 23

Paternidade

Com a pluralidade das existências, que é inseparável da progressão gradual, há a certeza na continuidade das relações entre aqueles que se amaram, e está aí o que constitui a verdadeira família.

O Evangelho segundo o Espiritismo – Capítulo 4 – Item 23 – Boa Nova Editora

O quarto do hotel estava um pouco abafado, por isso Cassiano decidiu abrir a janela que ficava defronte à rua principal da cidade. Badaladas pungentes no relógio da igreja que ficava a três quarteirões dali haviam acabado de anunciar que eram quatro horas da manhã.

A cidade estava calma e silenciosa. Ele ficou na janela olhando aquele cenário e viajou mentalmente ao passado; viu-se ainda menino correndo por aquelas ruas, tentando fazer subir uma pipa desengonçada ou perseguindo vaga-lumes nas noites sem lua.

Depois se viu adolescente, indo para a escola ou andando de bicicleta, com a bola de futebol sob o braço. Quando recordou o tempo em que vivera com Rebeca, nova sensação de frio lhe percorreu a espinha dorsal, com tanta intensidade, que foi obrigado a fechar a janela e enfiar-se embaixo do cobertor em busca de refúgio.

Como estaria sua ex-esposa naquele momento? Acordada como ele? Pensando no passado? Juntando fiapos de lembranças?

Nada disso. Rebeca estava deixando o corpo físico naquele exato instante. Cassiano recebeu a notícia no sábado pela manhã, enquanto tomava café no restaurante do hotel e fazia planos para visitá-la em companhia de Eduzinho. Sua morte ocorrera exatamente às quatro horas da madrugada.

Jairo foi lhe dar a notícia e disse também que, por orientação do médico que confirmara o óbito, o corpo deveria ser enterrado naquele mesmo dia, em razão das condições precárias em que se encontrava.

Nova Chance para a Vida

Só então Cassiano percebeu o que havia por trás daquele sorriso enigmático que Rebeca lhe lançara na despedida, quando ele prometera levar o filho para visitá-la no dia seguinte. Rebeca sabia que não haveria tempo para vê-lo, mas não dissera nada. Ficara em silêncio apenas para não causar transtornos a Cassiano.

Na verdade, ela precisava ver Eduzinho no momento em que fizera o comentário, e não no dia seguinte. No entanto, Cassiano não havia compreendido a urgência daquele apelo.

Quando o corpo de Rebeca baixou à sepultura, o sol dourado das horas crepusculares banhava de luz as lápides do cemitério. Apenas uma dúzia de pessoas acompanhou o cortejo fúnebre.

Lupércia recusou-se a ir ao enterro, mas não impediu Cassiano de levar Eduzinho. O menino, apesar de ficar o tempo todo de mãos dadas com o pai, mal olhou para ele e não puxou nenhum assunto, limitando-se a responder com monossílabos as perguntas que lhe foram feitas.

Sua convivência com Rebeca havia sido bastante escassa, e ele, embora sofrendo, não estava desesperado por perdê-la para a morte. Na verdade, já tinha perdido a mãe havia muito tempo, e aquela despedida não era tão diferente da anterior.

Em alguns momentos, Cassiano notou que ele fingia enxugar os olhos, como se tivesse vergonha de admitir que não chorava. Seu comportamento arredio deixou o pai convencido de que o menino não se sentia à vontade ao seu lado. Haviam ficado tanto tempo separados, que agora era como se fossem dois estranhos.

Cassiano concluiu que o filho não gostava dele e teve de admitir que ele tinha razões de sobra para isso. Deduziu que em sua mente ficara gravada a cena da agressão que ele praticara contra Rebeca e chegou a sentir vergonha.

Os dois foram os últimos a deixar o cemitério. Quando saíam, passou por eles um homem magro, alto, usando uma capa escura — imprópria para uma tarde ensolarada — e com o rosto meio encoberto por um chapéu de feltro. Ao cruzar com Cassiano, o estranho escondeu ainda mais o rosto, mas deu para perceber que ele estava chorando.

Curioso, Cassiano se voltou e o observou discretamente. Viu quando o homem se aproximou da sepultura de Rebeca e ali permaneceu em silêncio. Não havia dúvida de que era Lennon.

Inicialmente, ocorreu a Cassiano o pensamento de abordá-lo e dizer-lhe algumas verdades que o estavam incomodando, mas reconsiderou sua intenção ao lembrar-se de que Rebeca fizera as suas escolhas.

Segundo suas próprias palavras, ela não fora obrigada a fazer nada que não quisesse. Lennon já estava, de alguma forma, pagando por suas inconsequências. A morte dolorosa e prematura de Rebeca iria pesar sobre os seus ombros e, quem sabe, fazer com que ele repensasse suas atitudes futuras.

Nova Chance para a Vida

Saindo do cemitério, Cassiano passou na casa de Lupércia e disse a ela que iria levar Eduzinho para passear. Sua ex-sogra se comportou como sempre, estirando os lábios e dizendo que o menino era filho dele e que não precisava pedir permissão para levá-lo aonde quisesse.

Cassiano levou Eduzinho a uma lanchonete, entregou-lhe o cardápio e disse a ele que escolhesse o que quisesse comer. Como o menino continuasse com aquele comportamento arredio e distante, o pai resolveu tocar na ferida para ver no que dava.

— Você não gosta de ficar comigo, não é?

Ele encolheu os ombros e não respondeu nada.

— Acha que eu sou um pai horrível?

Eduzinho baixou a cabeça e permaneceu em silêncio. Para não constrangê-lo mais, Cassiano decidiu mudar de assunto.

— E então? Escolheu o que vai comer?

Ele não havia nem folheado o cardápio.

— O senhor é quem sabe.

— Você não prefere escolher?

— Nunca comi essas coisas... Nem sei que gosto elas têm.

Sua espontaneidade deixou Cassiano imobilizado. Não lhe passara pela cabeça que seu filho nunca houvesse frequentado uma lanchonete, experimentado o sabor de um *milk-shake* ou devorado um *cheesebúrguer*.

Só então se deu conta de que ninguém poderia ter oferecido essas pequenas alegrias ao menino, a não ser ele ou Rebeca. Mas Cassiano estava morando muito longe do filho, e Rebeca também o abandonara para viver num mundo de fantasias.

A avó, embora não houvesse se recusado a ampará-lo, tinha suas limitações, seus preconceitos, e jamais iria entender e suprir as necessidades lúdicas de uma criança. Esse comportamento não fazia parte do universo exageradamente objetivo de Lupércia, e Eduzinho era apenas mais uma peça a compô-lo.

O coração de Cassiano se encheu de compaixão e ele, finalmente, começou a romper a barreira de gelo que os separava.

— Ah, é?! – disse em tom de brincadeira. — Então vamos fazer assim: eu peço algumas coisas e você vai experimentando. O que gostar, você come; o que não gostar, não precisa comer. Está bem?

Eduzinho voltou a acenar com a cabeça, mas desta vez esboçara um leve sorriso. Experimentou quase tudo o que tinha no cardápio e saiu da lanchonete com a barriguinha estourando.

A noite havia se iniciado, e Cassiano perguntou se ele queria ir a algum lugar se divertir. Do seu modo, tímido e inseguro, o menino topou.

Por sorte, havia um parque de diversões itinerante na

cidade. Começaram pelos brinquedos mais leves e terminaram nos carrinhos de bate-bate, onde Cassiano pôde enfim ouvir as primeiras gargalhadas de seu filho desde o reencontro.

Quando saíram dali já havia um clima bem mais descontraído entre eles. Cassiano comprou dois algodões-doces enormes e sentaram num banco para comer. Depois de devorar o seu algodão-doce e de lamber os dedos lambuzados, Eduzinho surpreendeu Cassiano com uma pergunta:

— Pai, o senhor me perdoa?

Cassiano o encarou seriamente.

— Perdoar você? Mas por quê?

O menino baixou a cabeça e sussurrou:

— Porque eu mandei que o senhor fosse embora naquela noite...

Cassiano levou um tempo para entender a que ele se referia. De repente se transportou ao passado, mais precisamente para o momento em que seu filho, em pé no berço, chorava e dizia com sua vozinha infantil:

— *Vai embola, papai! Vai embola, papai!*

Antes que ele respondesse qualquer coisa, Eduzinho prosseguiu:

— Não era para o senhor ter ido de vez. Eu só queria que o senhor saísse um pouco, para que a briga acabasse. No dia seguinte, eu fiquei esperando que o senhor voltasse para casa depois do trabalho, para brincar comigo como

Roberto de Carvalho inspirado pelo Espírito Francisco

sempre fazia, mas o senhor não apareceu. Então eu esperei no outro dia e continuei esperando todos os dias seguintes. Quando o senhor não apareceu mais e a minha mãe se mudou para a casa da vovó Lupércia, eu entendi que o senhor nunca mais iria voltar. Então fiquei pensando que eu não devia ter mandado o senhor embora... Não deveria ser para sempre... Era só naquela noite, para vocês não brigarem mais.

Cassiano ficou petrificado ao ouvir aquilo. Lembrou-se do sentimento de culpa que carregara durante tantos anos por causa da ausência dos seus pais, e agora o seu filho confessava sentir-se culpado pela ausência dele.

De alguma forma, a história se repetia. Cassiano sentiu uma necessidade urgente de protegê-lo. Abraçou-o fortemente, e Eduzinho começou a chorar.

— O senhor me perdoa? — o menino voltou a perguntar entre soluços.

Cassiano o afastou um pouco, mirou os seus olhinhos marejados e disse com a voz embargada pela emoção, mas com toda a convicção do mundo:

— Não há por que me pedir perdão, meu filho! Não foi por sua culpa que eu fui embora. Mesmo que você não tivesse pedido, eu teria ido... O problema não era você; eram as complicações que eu e sua mãe arranjamos para as nossas vidas... Você foi apenas uma vítima dos nossos erros...

O menino tentava enxugar os olhos com o dorso das mãos, mas as lágrimas insistiam em mantê-los inundados.

Nova Chance para a Vida

— Quer dizer que o senhor não tem raiva de mim?

— Nunca! Eu sempre o amei, meu filho! Sou eu que peço perdão por ter sido tão egoísta... por tê-lo deixado durante tanto tempo!

Eduzinho se aconchegou ao pai. Seus soluços profundos estremeciam-lhe o corpinho frágil e miúdo demais para a idade. Naquele momento, Cassiano percebeu o quanto o amava e tomou a decisão mais importante da sua vida. Nunca mais ficaria longe do seu filho.

CAPÍTULO 24

Epílogo

Com a reencarnação, ancestrais e descendentes podem ter se conhecido, ter vivido juntos, se amado, e se encontrarem reunidos mais tarde para reapertar seus laços simpáticos.

O Evangelho segundo o Espiritismo – Capítulo 4 – Item 21 – Boa Nova Editora

A madrugada estava calma e silenciosa. Da sacada do seu apartamento, Cassiano contemplava a paisagem da grande metrópole chamada São Paulo, com sua imensidão de prédios e em cujas ruas, mesmo nas horas mortas, sempre havia motoristas notívagos transitando apressadamente.

Ele sempre perdia o sono quando se encontrava com a mãe em sonho. Parecia ser uma forma de memorizar o que ela lhe dizia nesses encontros e fixar suas mensagens na mente dele. Mas, desta vez, ela não dissera nada. Os dois ficaram juntos por pouco tempo e não trocaram nenhuma palavra.

No sonho daquela noite ela estava ainda mais linda! Sorrindo, o abraçou e beijou como sempre; depois lhe entregou algo que estava embrulhado em um papel de presente. Quando Cassiano tentou abri-lo, a mulher meneou a cabeça negativamente, mas sem deixar de sorrir.

Ele entendeu que se tratava de uma surpresa e que ainda não era o momento de revelá-la. Depois ela se foi, como sempre, deixando no ar a fragrância suave do perfume que usava na infância de Cassiano.

O rapaz acordou intrigado, sem conseguir parar de pensar no significado daquele sonho. Sabia que o sono não voltaria mais; por isso decidiu se deitar na rede que mandara instalar na sacada do apartamento. Queria ver o sol nascer naquela manhã de domingo.

Faltavam ainda algumas horas para que todos acordassem, e ele poderia desfrutar do silêncio daquele momento. A família havia combinado de fazer um piquenique

Nova Chance para a Vida

no parque. Eduzinho queria estrear a bicicleta que ganhara do vovô Jorge e da vovó Cotinha. Na noite de sábado, Camila fora dormir excitada por causa do passeio. Ela adorava a companhia do irmão mais velho que, segundo suas palavras, "o Papai do Céu mandou para mim". Os dois se tornaram realmente inseparáveis.

Cassiano precisou se levantar devagarzinho para não acordar Lívia, que dormia serenamente. Ele estava feliz por vê-la tão em paz! Felizmente tinham se acabado os incômodos da gestação, e sua esposa agora estava ótima.

Ele não via a hora de acolher nos braços a filha amorosamente aguardada, e que fortaleceria ainda mais os laços de amor que já eram uma realidade tão presente naquele lar.

Olhando para o ventre da esposa, que começava a ganhar um pequeno volume, lembrou-se do embrulho de presente que a mãe lhe entregara, e foi como se ouvisse a voz dela a repetir a frase dita tempos atrás: "A vida é feita de reencontros e, se Deus quiser, em breve haverá um encontro bem mais prolongado entre nós". Haveria entendido direito o recado ou o que lhe passara pela cabeça seria apenas fruto do que tanto desejava?

Depois concluiu que esses detalhes eram o que menos importava. Aprendera a confiar a Deus a sua vida e a receber de braços abertos e coração vibrante de gratidão todas as bênçãos recebidas do Pai celestial.

Roberto de Carvalho inspirado pelo Espírito Francisco

Às vezes, Cassiano ficava se perguntando se era merecedor de tantas alegrias. Pensava nas coisas tristes do passado, nos erros cometidos, nos tantos equívocos... Vinham-lhe à mente certas imagens desoladoras, cenas de brigas, violências, doenças, mortes... "Os fantasmas do passado", como sugerira Inácia, sua querida "bruxinha do bem".

Pensava por quanto tempo ainda casais de jovens imaturos se envolveriam em relacionamentos inconsequentes, gerando filhos não programados; quantos homens se perderiam pelos caminhos de crimes como assassinatos, assaltos, tráfico de drogas... Quantos jovens se entregariam ao vício; quantas garotas ingênuas engravidariam contra a vontade e morreriam em clínicas clandestinas de aborto...

Para espantar os maus presságios, ele dava uma sacudidela na cabeça e procurava imaginar cenários mais positivos: crianças alegres correndo sobre campos floridos em dias ensolarados, transmitindo alegria, paz e vitalidade.

Insistia em vislumbrar o futuro com um olhar de otimismo e procurava colocar em prática as importantes lições que a vida havia lhe ensinado naqueles últimos anos. vivenciar plenamente as alegrias que chegavam até ele e acreditar que elas se originavam de um universo que superava o seu limitado entendimento, mas que nem por isso eram inalcançável.

Compreendia agora a importância de se cultivar a paz e o amor acima de tudo; não somente por si próprio, mas

Nova Chance para a Vida

também por aqueles que o amavam, ainda que por vezes tivesse a equivocada impressão de que estavam mortos e que não compartilhariam mais os seus sentimentos.

Pensava que o mundo talvez fosse para muitos uma experiência amarga e dolorosa, fruto de escolhas lamentavelmente equivocadas, mas que, em algum momento, essas mesmas pessoas retomariam o curso interrompido e fariam melhor a cada vez que houvesse uma nova chance para a vida.

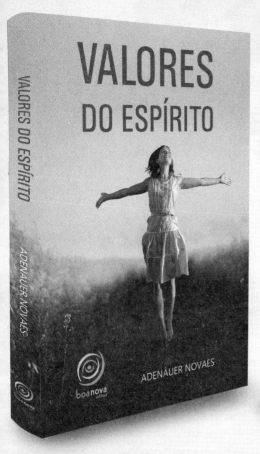

BIP 886
Etna Lacerda
Infanto-juvenil | 16x23cm | 96 páginas

VALORES DO ESPÍRITO
Adenáuer Novaes
Filosófico | 16x23cm | 224 páginas

Neste livro estão alguns valores que, quando adquiridos, capacitam o Espírito a ir mais além, promovendo-se na escalada evolutiva em que foi lançado pela Divindade. São palavras que simbolizam aspectos mais profundos que devem ser integrados ao Espírito para que se capacite ao entendimento do mistério que o cerca.

"Antes de desencarnar, o avô de Lucas deixou-lhe um pacto de segredo e também um mistério a ser desvendado: O BIP 886. Seria um código? Uma senha? Ou algo além da imaginação? Somente um solitário homem, que morava numa ilha, poderia ajudá-lo. Para chegar até ele, Lucas enfrentaria muitas dificuldades e superaria seus medos e fantasmas. Embarque nessa aventura e compartilhe com Lucas a descoberta de um mundo novo, que transformou sua vida e a de muitas outras pessoas. Depois dessa leitura, meu pequeno leitor, você nunca mais será o mesmo".

17 3531.4444 Catanduva-SP | 11 3104.1270 São Paulo-SP | 16 3946.2450 Sertãozinho-SP

/boanovaed   boanova@boanova.net

O APRENDIZ DA LEI DO AMOR

Paulo Bastos Meira ditado por Antoine de Quélem de Caussade

416 páginas | Romance | 16x23 cm

Quantas vezes uma criança cai para aprender a andar? Quantas vezes erramos até acertar? Quantas vidas levamos para aprender uma lição? A Providência Divina nos abençoa com as vidas sucessivas para que possamos lapidar nossos comportamentos. Conheça três reencarnações de Giácomo, assim como todos nós, um aprendiz da Lei do Amor.

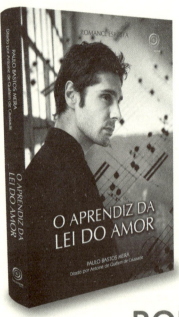

ROMANCESPROIBIDOS

ARIOVALDO CESAR JUNIOR DITADO POR FERNANDES DE ALMEIDA DE MELO

288 páginas | Romance Espírita | 16x23 cm

Augusto é um padre que não aceita o celibato e mantém romances proibidos. Era um conquistador hábil, que iludia com certa facilidade, sem pensar nas consequências de seus atos e na dor que causava as que se deixavam levar por suas promessas. Mas a história toma um novo rumo quando ele se envolve com a própria filha – fruto de um de seus relacionamentos anteriores. Inicialmente ele desconhecia a gravidade de seu ato infeliz. Tempos depois, é levado a refletir e compreender sua existência como Espírito imortal. Se aprendesse com o Evangelho de Jesus não haveria sofrimento nem dor. Mas o Espírito, no estágio evolutivo em que se encontra, dominado pelo egoísmo e pelo orgulho, deixa-se levar pelas ilusões da Terra.

Boa Nova Catanduva-SP | (17) 3531.4444 | Boa Nova São Paulo-SP | (11) 3104.1270
Boa Nova Sertãozinho-SP | (16) 3946. 2450 | www.boanova.net | www.facebook.com/boanova

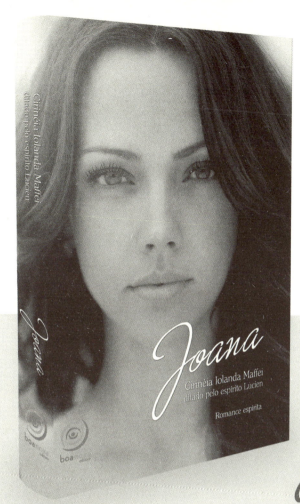

Cirinéia Iolanda Maffei ditado pelo espírito Lucien

416 páginas | Romance | 16x23 cm

Uma adolescente de treze anos, que vive em uma das favelas do Rio do Janeiro, envolve-se com Nicolas: um rapaz sedutor que lhe dá a falsa sensação de resgatá-la de uma vida simples e sofrida. Um inocente passeio em Angra dos Reis termina com seu sequestro e envio para Barcelona, onde se vê envolvida com uma quadrilha dedicada à exploração sexual. Uma pergunta não formulada permanece o tempo todo: afinal, quanto conhecemos sobre nossa sexualidade e o que nos incita a ser da maneira como somos em relação ao sexo e ao amor?

Catanduva-SP 17 3531.4444 | São Paulo-SP 11 3104.1270 | Sertãozinho-SP 16 3946.2450
boanova@boanova.net | www.facebook.com/boanovaed

INFANTOJUVENIL

Descoberta dos Dons (A
Karina Picon | 27x27cm | 28 página

Você sabe quais são seus Dons? Quando reconhece o Dom d
alguém, você admira ou inveja? E dentro das diferenças,
possível encontrar semelhanças e harmonia? Com
transformar emoções negativas em positivas? Essas e outra
reflexões serão abordadas em "A Descoberta dos Dons – Um
lição pra toda Vida.", uma leitura fascinante, que irá desperta
seu Brilho Interio

Revolução na Colmeia
Cleber Galhardi | 27x27cm | 28 páginas

Certo dia, um grupo de abelhas decide
abandonar as funções que desempenha na
colmeia. Umas decidem não trabalhar
enquanto outras trocam de posto. Mas essa
decisão coloca em risco a vida de toda uma
sociedade. Para voltar à harmonia, é necessário
que cada uma assuma os talentos naturais e
exerça, através do trabalho, as aptidões que
herdou da natureza
** ACOMPANHA CARTELA COM ADESIVOS *

O que é que o corpo humano tem
Danielle V. M. Carvalho/Santiago | 27x27cm | 36 página

Você já prestou atenção no corpinho das formigas? E s
trocássemos de lugar com elas, e fossem as formigas qu
espiassem de pertinho o corpo humano? Pois é isso qu
acontece com "Flor e Miga", duas formiguinhas curiosa
que estão fazendo um trabalho escolar sobre o corp
humano! (Miga chama os dedos de "franjas", os olhos d
"jabuticabas" e a cabeça, vejam só, de "bola de pirulito"!)
Entre várias surpresas, as duas encantam-se por ess
máquina perfeita, amorosamente criada por Deus. Entã
prepare seu olhar de formiga e junte-se ao grupo: é hora d
descobrir o que é que o corpo humano tem

Galinha Espiritinha
Luis Hu Rivas | 21x25cm | 32 páginas

A Galinha Espiritinha queria tanto ter mais um filho. Conheça
a linda historinha da reencarnação do Pintinho Amarelinho. O
que ocorreu com ele e o Galo Carijó na vida passada? Como
foi o seu encontro no mundo espiritual? E agora, o qu
acontecerá com a Galinha Espiritinha

O MISTÉRIO DA CASA

CLEBER GALHARDI
16x23 cm
Romance Infantojuvenil
ISBN: 978-85-8353-004-6

256 páginas

Uma casa misteriosa! Um grupo de pessoas que se reúnem alguns dias por semana, sempre a noite! Um enigma? O que essas pessoas fazem ali? O que significa esse código? Descubra juntamente com Léo, Tuba e Melissa as respostas para essas e outras situações nessa aventura de tirar o fôlego que apresenta aos leitores uma das principais obras da codificação de Allan Kardec.

LIGUE E ADQUIRA SEUS LIVROS!
Catanduva-SP 17 3531.4444 | boanova@boanova.net
São Paulo-SP 11 3104.1270 | boanovasp@boanova.net
Sertãozinho-SP 16 3946.2450 | novavisao@boanova.net
www.boanova.net

SUCESSO DE VENDAS!

MEU PEQUENO EVANGELHO

ENSINAMENTOS DE AMOR EM FORMA DIVERTIDA

DE: MAURICIO DE SOUSA, LUIS HU RIVAS, ALA MITCHELL
GÊNERO: INFANTIL
FORMATO: 20 X 26 CM
PÁGINAS: 64
EDITORA: BOA NOVA
ISBN: 978-85-8353-020-6

R$ **29,90** CAPA

PARA INFORMAÇÕES E CONDIÇÕES DE COMPRA:

CATANDUVA (SP)
(17) 3531.4444

SÃO PAULO (SP)
(11) 3104.1270

SERTÃOZINHO (SP)
(16) 3946.2450

FACEBOOK: MEUPEQUENOEVANGELHO

Os prazeres da alma

uma reflexão sobre os potenciais humanos

FRANCISCO DO ESPÍRITO SANTO NETO
ditado por **HAMMED**

Filosófico | 14x21 cm | 214 páginas

Elaborado a partir de questões extraídas de "O Livro dos Espíritos", o autor espiritual analisa os potenciais humanos - sabedoria, alegria, afetividade, coragem, lucidez, compreensão, amor, respeito, liberdade, e outros tantos -, denominando-os de "prazeres da alma". Destaca que a maior fonte de insatisfação do espírito é acreditar que os recursos necessários para viver bem estão fora de sua própria intimidade. A partir deste contexto, convida o leitor a descobrir-se no universo de qualidades que povoa sua natureza interior.

REEDIÇÃO

nova edição | novo formato | novo projeto gráfico

VIVER SEMPRE VALE A PENA
Célia Xavier de Camargo/Eduardo
Vida no além | 16x23 cm

Os jovens trabalhadores da colônia espiritual "Céu Azul" mostram inúmeras atividades socorristas dos benfeitores espirituais junto àqueles que cultivam a ideia da autodestruição. Transmitem a valorização da vida nascida do autorrespeito, fator primordial para que os indivíduos alcancem a felicidade plena.
***Editado anteriormente com o título: Preciso de Ajuda

DE VOLTA AO PASSADO
Célia Xavier de Camargo/César Augusto Melero
Vida no além | 16x23 cm | 448 páginas

O esquecimento do passado, para todos nós aqui da Terra, é bênção divina, que nos proporciona condições de evoluir. Um dia, porém, temos de enfrentar nossa dura realidade, quando somos forçados a lutar vigorosamente para resgatar os débitos que assumimos em outras existências, assim como a superar os desafios da atual encarnação. Não é fácil. Pela nossa ótica, enxergamo-nos sempre como vítimas inocentes. A verdade, entretanto, poderá nos surpreender, revelando nossa real situação e os prejuízos que causamos aos outros através do tempo. A finalidade desta obra é despertar em cada um de nós a necessidade do autoconhecimento como meio de vencermos as imperfeições de que somos portadores.

17 3531.4444 Catanduva-SP | 11 3104.1270 São Paulo-SP | 16 3946.2450 Sertãozinho-SP

/boanovaed   boanova@boanova.net